생활밀착 손자병법

생활밀착 손자병법

펴낸날 2021년 10월 8일
2쇄 펴낸날 2021년 11월 26일

지은이 노병천
펴낸이 주계수 | **편집책임** 이슬기 | **꾸민이** 이슬기

펴낸곳 밥북 | **출판등록** 제 2014-000085 호
주소 서울시 마포구 양화로 59 화승리버스텔 303호
전화 02-6925-0370 | **팩스** 02-6925-0380
홈페이지 www.bobbook.co.kr | **이메일** bobbook@hanmail.net

ISBN 979-11-5858-818-2 (03190)

일상의 문제와 고민을 덜고 삶이 가벼워지는 인생 처방

생활밀착 손자병법

노병천 글과 그림

제22회
세종문화상
수상작가

손자병법
통독 3만회
기념작

국내최초
생활밀착형
손자병법

밥북

열면서

생활밀착형 손자병법의 탄생

"손자병법을 우리 생활에서도 실천할 수 있을까요?"

많은 사람이 내게 질문을 한다. 그도 그럴 것이 기존의 여러 손자병법 책은 원문을 중심으로 각종 전쟁사례로 가득 채워져 있기 때문이다. 그래서 당장 현실에서 부딪치는 내 삶과는 거리가 있다. 한마디로 생활 속에서는 바로 써먹을 수가 없다. 이 책은 수많은 독자의 요청으로 세상에 나왔다. 이른바 생활밀착형 손자병법이다. 어쩌면 이런 유형의 손자병법은 최초가 아닌가 싶다.

손자병법은 2,500여 년 전 중국 춘추시대의 손무가 만든 책이다. 나는 이 책을 육군사관학교 생도 시절에 처음 접했다. 22살의 나이다. 그때 받은 충격은 지금도 잊지 못한다. 어떻게 이 작은 책이 2,500여 년이 지난 지금까지 우리나라뿐만 아니라 전 세계에서 생명력을 유지할 수 있을까? 그래서 읽고 또 읽었다. 그 본질을 뚫고 싶었다. 45년이 지난 지금까지 적어도 3만 번은 읽은 것 같다.

3만 번? 한 번도 읽기 어려운데 무려 3만 번이나 읽었다고? 그렇다. '원문'을 그렇게 읽었다. 원문은 판형에 따라 다르지만 불과 6,109자다. A4용지에 보통 글씨로는 5장이면 다 들어가고, 아주 작은 글씨로는 단 2장이면 된다. 나는 원문을 벽에 붙여 놓고 하루에도 열 번은 읽고 있다. 물론 많이 읽는 게 중요한 것은 아니다. 한 번을 읽더라도 제대로 읽는 게 중요하다.

중국에는 '손자천독달통신(孫子千讀達通神)'이라는 말이 있다. 손자병법을 천 번 읽으면 신의 경지와 통한다는 뜻이다. 내가 그 이상을 읽어보니 신의 경지는커녕 죽을 때까지 계속 읽어야겠다는 생각만 들었다. 마치 성경을 보는 것처럼 볼 때마다 느낌이 다르다. 나이가 듦에 따라 똑같은 어구도 다르게 해석이 된다.

하나는 확실하다. 역시 손자병법은 인류 역사에서 최고의 책이라는 점이다. 옛날 책이 아니라 오늘의 책이다. 나아가 미래의 책이다. 치열한 경쟁에서 승리하는 그 근본 원리는 예나 지금이나 다름이 없다.

내가 손자병법을 본격적으로 가르치기 시작한 것은 2003년도 육군대학 교수 시절이다. 군대의 소령 계급을 대상으로 10년을 가르쳤다. 그리고 미국지휘참모대학 교환교수로서 세계 90여 나라의 고급장교들을 상대로 3년 동안 가르쳤다. 오리지널 손자병법을 오랫동안 가르친 셈이다. 이후 군 생활을 마감하면서 본격적으로 삶과 생활에 손자병법을 접목하여 가르치기 시작했다.

돌아보면 대한민국은 물론 수많은 나라에서 손자병법을 강의하고 평생을 손자병법에 몰입하였기에 이제야 조금씩 진의가 보이는 것 같다.

살다 보면 여러 예기치 못하는 일을 만나게 된다. 하루에도 어떤 일이 벌어질지 아무도 모른다. 그저 불안 불안한 삶이다. 그때마다 어떻게 해야 할지 여간 걱정이 아니다. 이럴 때 무슨 좋은 지침이 없을까?

지난봄에 전국에 있는 제자와 지인들에게 생활 속에서 부딪칠 수 있는 문제들을 예시로 뽑아달라고 부탁했다. 그렇게 크고 작은 문제가 100개나 나왔다. 우리는 늘 문제를 곁에 두고 산다. 세 차례 회의 끝에 그중 생활에서 자주 겪고 비중 있는 문제 40개를 엄선했다. 그리고 그 40개를 손자병법과 연계하여 해결책을 내놓았다.

이 책에 소개된 40개의 문제만 잘 소화하면 다른 상황에 부딪히더라도 충분히 대처가 가능할 것이다. 이를 손자병법에서는 '이정합 이기승(以正合 以奇勝)'이라 한다.

정을 바탕으로 하여 기로 승리한다는 뜻이다. 즉, 40개를 바탕으로 상황이 달라도 융통성을 발휘하여 해결할 수 있다는 것이다. 하나를 깨치면 열을 아는 원리다.

독자의 요청에 부응하는 의미도 있지만, 지난 인생을 돌아보며 나름대로 깨닫고 돌이킬 점을 다시 정리하고도 싶었다. 그렇기에 나의 징비록이자 인생반성문의 의미까지 책에 담게 되었다. 그래서 이 책에는 나와 내 주변 사람의 이야기가 자주 등장한다. 저 멀리 다른 사람들의 이야기보다는 좀 더 설득력 있게 전달할 수 있으리라 생각한다. 보다 보면 특정 종교도 언급될 것이다. 이 또한 그런 취지로 받아들이면 좋겠다.

손자병법이라고 하면 아직도 어려워하는 독자가 많다. 그래서 주부나 학생도 부담 없이 읽을 수 있도록 최대한 쉽고 짧게 풀었다. 삽화도 직접 그렸다. 젊은 층이 좋아하는 웹툰은 아니지만 나름 열심히 그렸다. 이참에 손자병법 전체 어구가 보고 싶은 독자는 졸저『두 번 읽는 손자병법』을 권한다. 그리고 영상으로도 준비했다. 유튜브 〈노병천TV〉에 들어가서 '노병천 손자병법 특별강의 1-13편'을 보시기 바란다. 군더더기를 다 빼고 13편 전체를 직역한 정통 손자병법 영상이다. 이미 15만 명 이상이 시청했다. 한 번쯤은 볼만할 것이다.

2,500여 년 전의 손자병법이 아날로그 손자병법이라면, 21세기에 내가 쓴 손자병법은 디지털 손자병법이라 할 수 있다. 아날로그와 디지털이 어떻게 서로 조화를 이루어 현재의 당면한 문제를 해결하고, 미래의 불확실한 영역을 헤쳐나가는지 살펴보는 것도 의미가 있을 것 같다.

2021년 가을 어느 날, 핑크빛 코스모스를 보며

자 自

보 保

전 全

승 勝

자보전승(自保全勝)

손자병법 제4 군형 편에 나오는 어구다. 전쟁할 때 가장 중요한 것은 나를 우선 보존하고 온전하게 승리를 거두는 것이다. 내가 피해를 보고 승리하는 것은 좋지 않다. 전쟁뿐만 아니라 삶의 현장에서도 마찬가지다. 자보전승은 손자병법의 저변을 관통하는 중심사상이다.

自
자

제1화 난폭 운전자를 만나면?

강이피지
强而避之

빵빵! "뭐지?"

빵빵! "뭐냐고?"

빵빵빵! "아니, 뭐냐고?"

난폭 운전자를 만났다. 슬쩍 보니 검정 차다. 거참, 성질도 급한 사람이구나. 다시 빵빵댔다. 어떻게 할까? 짧은 시간에 머리가 복잡해진다. 그냥 모른 척하고 지나가? 아니면 무슨 반응이라도 해? 어떻게 할까?

이런 경우에 여러분은 어떻게 하겠는가? 이런 일은 의외로 많이 겪을 수 있다. 어쩌면 며칠 전에 당신이 당했을 수 있다. 어떻게 하는 것이 가장 좋을까? 물론 상황을 잘 판단해야 하겠지만 대체로 후회 없는 선택이 있다.

그냥 무시하는 것이다. 자존심 상할 것이다. 무슨 잘못도 없는데 억울하다 느낄 수 있다. 그런데도 그냥 무시하는 것이 좋다. 모른 척하고 앞만 보고 운전하라. 혼자 악을 쓰다가 제풀에 꺾여 그냥 지나가는 경우가 많다. 그러면 되는 것이다. 그러면 상황 끝이다.

만약에 내가 무슨 반응을 했다고 하자. 창을 열고 같이 소리를 질러댔다. 아니면 손가락질을 했다. 어떤 일이 벌어지겠는가? 감정의 증폭현상이 일어난다. 서로 삿대질을 해대다 결국에는 차를 세우고 몸싸움이 일어나게 된다.

조금 더 나아가면, 경찰서까지 가야 한다. 시간 손해, 돈 손해. 여러 가지 손해 볼 일만 잔뜩 생긴다. 참 성가시고 번거롭다. 무슨 꼴인가. 그냥 참았으면 될 일을.

실제로 내가 얼마 전에 겪었던 일이다. 아내와 함께 광명시에 있는 몰에 가던 길이었다. 앞 신호등에 빨간 불이 와서 섰다. 내가 선 자리가 맨 오른쪽이어서 우회전도 되고 직진도 되는 길이었다. 나는 직진을 해야 했다. 그런데 뒤에서 빵빵대기 시작했다. 빨리 비키라는 것이다. 틀림없이 우회전하려는 차일 거다.

아내가 말했다.

“여보, 옆으로 비켜줘요. 바쁜가 봐요.”

“뭘 비켜요, 그렇게 급하면 어제 출발했어야지.”

그러면서도 양보해주려고 슬쩍 옆 차선을 봤다. 차들로 꽉 차 있었다. 굳이 비키려고 하면 횡단보도 위로 올라가야 한다. 그건 안되지. 그래서 그냥 있었다. 빵빵 소리가 더 거칠어졌다. 그냥 있었다. 손을 내밀고 손짓을 하고 싶었지만 참았다. 아내가 또 말했다.

“그냥 비켜줘요.”

어차피 버틴 거 그냥 있었다. 아니나 다를까, 그 차 운전자가 차에서 내려 내게로 걸어왔다. 그리고 내게 삿대질을 해댔다.

“비켜 달라니까요!”

젊은 사람이었다. 얼굴 인상도 좋지 않았다. 내가 낮은 톤으로 말했다.

“내가 뭐 잘못했나요?”

똑바로 그를 봤다. 내 눈빛도 범상치는 않다. 그가 잠시 머뭇거리더니 “에이!” 하고 그냥 돌아갔다.

그때 내가 보인 행동은 오시범이다. 오시범? 잘못된 시범이라는 뜻이다. 어떻게 보면 운이 좋았다고 할 수 있다. 무슨 일을 당했을지 어찌 알겠는가?

재수 없으면 트렁크에 있는 연장으로 얻어맞을 수도 있다. 얼마 전에는 경적을 울렸다고 오토바이 배달원이 차 유리창에 벽돌을 던진 일도 있었다. 어떤 사람은 흉기로 덤벼든다. 가끔 텔레비전에서 보지 않는가.

남의 이야기가 아니다. 워낙 세상이 험악하다 보니 분노조절장애를 가진 사람도 많고 정신질환을 앓는 사람도 흔하다. 그런 사람들이 운전대를 잡고 다닌다. 그러니 어떻게 일일이 분별해서 대처할 수 있겠는가?

그냥 조금만 참으면 된다.

순간의 자존심이 뭐가 그리 중요하겠는가. 그 인간을 언제 볼 일이 있다고. 그 순간이 지나면 만날 일이 없다. 설령 맞붙어 이긴다 해도 그게 뭐 그리 중요한가? 이기면 뭐가 달라지는가. 그러니, 난폭 운전자를 만나면?

손자병법 제1 시계 편에 '강이피지(强而避之)'라는 말이 있다. 강하면 피하라는 뜻이다. 상대가 강한데 자존심 때문에 엉겨 붙었다가는 나만 손해 보니 그냥 피하는 게 좋다는 의미이다. 삼십육계 병법의 마지막 계인 삼십육계가 '주위상(走爲上)'이다. 도망가는 게 상책이라는 말이다. 강이피지와 같은 맥락이다.

상대가 강하면 그냥 도망가는 것이 좋다. 순간의 자존심 때문에 부딪히면 두고두고 후회하게 된다. 피하는 것은 절대로 비겁한 행동이 아니다.

오히려 아주 현명한 행동이다. 똥이 무서워서 피하나 더러워서 피하지.

정말 살다 보면 별의별 사람을 다 만난다. 꽉 막힌 사람, 괴팍한 사람, 성질내는 사람, 말을 함부로 하는 사람, 툭툭 아무한테나 반말하는 사람, 그냥 무작정 시비 거는 사람, 그 종류를 일일이 다 열거할 수 없다. 이런 사람들과 부딪칠 때 어떻게 대처할 것인가? 여전히 답은 하나다. 그냥 피하면 된다. 괜히 어떻게 할까 하고 고민할 필요도 없다. 그냥 피하라. 사람의 본성은 바뀌지 않는다. 서양 속담에도 사람의 마음을 바꾸려는 것은 마치 표범의 얼룩을 바꾸려는 것과 같다는 말이 있다. 그만큼 누구를 바꾼다는 것은 불가능하다는 말이다. 내가 부담이 되고 불편한 사람이라면 그냥 피하면 된다.

6·25전쟁 때 유명한 말이 있지 않은가? 흥남철수작전을 하면서 **작전상 후퇴**라고 했다. 2021년 4월 11일에 있었던 아프리카 차드의 대통령 선거에서 이드리스 데비가 6선에 성공했다. 이때 그동안 데비의 정부에 반기를 들었던 반군단체는 **전략적인 후퇴**를 한다고 발표했다.

이렇게 작전상 후퇴니 전략적인 후퇴라는 말은 자주 사용되는 용어다. 작전상, 전략적이라 하니까 뭐 있어 보이지 않은가? 폼도 나지 않는가?

마주치는 누군가 부담되고 거북하다면 그냥 피해라.

'그래, 작전상 후퇴다.'

이렇게 생각하면서 말이다.

생활 손자병법 체크리스트

□ 난폭 운전자를 만나면 어떻게 하겠는가?

□ 작전상 후퇴를 한 경험이 있는가?

□ '강이피지'를 내 삶에 어떻게 적용하고 싶은가?

제2화 반드시 되는 영어정복

승적이익강
勝敵而益强

"무슨 말을 하는 거지? 어휴!"

"aisdniqegjq"

"하나도 안 들려!"

"eojqj0gadius"

"예스? 노? 왓? 도대체! 미치겠네."

한 번쯤은 경험해봤을 거다. 길거리에서 미국 사람을 만났다. 뭐라고 그러는데 알아들을 수가 없다. 어디 길을 가르쳐 달라는 것 같은데 말이 보통 빠른 게 아니다. 보통은 이럴 때 천천히 또박또박 말을 하는데 이 사람은 참 별나다. 그냥 자기 나라에 있는 것처럼 속사포로 날려버린다. 그렇지 않아도 영어 울렁증이 있는데, 도무지 알아들을 수가 없다. 말을 천천히 해달라 해볼까?

"우두유 스삐끄…?"

젠장! 입이 안 떨어진다. 진짜 당황스럽다. 에이, 영어공부 말짱 헛거다.

누구나 영어를 정복하고 싶을 거다. 그냥 하고 싶은 말 마음대로 하고, 미국 영화도 자막 없이 보고.

그래서 지금까지 학교 공부부터 시작해서 온갖 종류의 영어공부를 해왔었다. 뭔가 혹할 만한 이름을 잘도 지은 영어 강좌에 엄청 돈도 쏟아부었다. 그런데 막상 부딪치면 그냥 한순간에 머릿속이 하얘지니….

모처럼 의사를 만났더니 대뜸 하는 말.

"운동은 하세요?"

"네?"

"운동요!"

"거의 못 하고 있습니다."

"운동하시라니까요!"

"아, 예."

한 대 맞을 뻔했다. 일주일에 세 번씩, 30분 이상 운동을 하라고 한다. 그래야 건강을 유지할 수 있단다. 말이 쉽지 그게 쉬운 건가? 어떻게 꼬박꼬박 할 수 있겠나?

혹시 산티아고 순례길에 도전해 본 적이 있는가? 스페인과 프랑스 접경의 세계적인 순례길 말이다. 약 780㎞를 한 달 정도 걸어야 한다. 그런데 중간에 많은 사람이 포기하고 돌아온다. 왜 그럴까? 시작은 누구나 잘한다. 그런데 끝까지 완주하는 사람은 많지 않다.

끝까지 완주한 어떤 사람을 만났다.

"어떻게 그 힘든 과정을 잘 견뎌냈어요?"

그가 싱긋이 웃으며 손바닥을 폈다. 땀에 지워지지 않는 유성펜으로 이런 글이 적혀 있었다.

'Let's walk well for a day.'

'하루만 잘 걷자.' 이 뜻이다. 그렇구나! 바로 이거다. 하루만 잘 걸으면 되는 거다. 780㎞가 아니라 그저 오늘 하루다. 하루하루 걷다 보면 어느새 마지막 지점에 도착하게 된다.

일주일에 세 번, 30분 운동도 마찬가지다. 그냥 운동화를 신는 거다. 밖으로 나가는 거다. 걷는 거다. 아무 생각 없이 그냥 걷는 거다. 오늘 하루만 그렇게 해보는 거다.

이것을 스노우볼 효과(Snowball effect)라고 한다. 주먹만 한 눈덩이를 계속 굴리다 보면 어느새 산더미가 되는 현상을 말한다. 티끌 모아 태산, 가랑비에 옷 젖는다. 천릿길도 한 걸음부터라는 말이 이거다. 하루의 걸음이 780㎞를 만드는 것이다.

손자병법 제2 작전 편에 '승적이익강(勝敵而益强)'이라는 말이 있다.

적을 이길수록 더욱 강해진다고 하는 뜻이다. 이 말을 의역하면 '작은 성공을 반복해서 더욱 큰 성공으로 만든다'이다.

처음부터 큰 성공을 생각하면 기가 질린다. 엄두가 나지 않는다. 그래서 시작도 하기 전에 포기한다. 그런데 그러지 마라. 아주 작은 것부터 성공시켜보는 것이다.

영어를 정복하고 싶다. 말이 그렇지 절대로 쉽지 않다. 다 경험해봤지 않은가? 그렇다고 해서 정말 방법이 없는가? 있다! 하루에 단어 5개씩만 외워보는 것이다. 딱 5개! 이건 할 수 있다. 오늘 5개, 내일도 5개. 야나두(영어 학원) 대표 김민철이 7년 동안 24번 실패하고 150억원 날리고 터득했다고 하는 방법이다. 작은 성공을 꾸준히 반복하는 것이다. 영어정복은 하루에 단어 5개로부터 시작하는 것이다.

특히 나이가 든 사람에게는 단어공부가 먼저다. 왜냐하면, 나이가 들수록 신경가소성이 떨어지기 때문이다. 신경가소성이 뭘까? 뇌도 변한다는 것이다. 그런데 나이가 들면 변하는 속도도 떨어진다. 그래서 긴

문장이나 회화보다는 단어를 먼저 외우는 것이 좋다는 것이다.

하루에 5개씩! 포기하지 않고 계속하다 보면 반드시 영어는 된다. 안 되는 게 기적이다.

어디 영어정복뿐이랴? 어떤 분야라도 제대로 성공하려면 작은 성공을 반복하는 것만큼 확실한 것은 없다. 요즘 책 쓰기가 대세다. 책은 쓰고 싶은데 엄두가 안 난다. 걱정할 것 없다. 그냥 컴퓨터 앞에 앉아서 책 제목부터 쓰면 된다. 제목은 언제라도 바뀔 수 있다. 어떤 내용이라도 좋다. 지금까지 살아온 과정에서 어떤 것이라도 다 책이 될 수 있다. 하루에 반쪽이라도 쓰라. 내일 또 반쪽 더 쓰라. 이것이 쌓이면 어느 날 책이 된다. 중간에 포기만 하지 않는다면 반드시 책이 나온다. 내가 그동안 40여 권의 책을 집필한 경험에서 하는 말이다. 어느 분야의 전문가가 되는 것도 마찬가지다. 조금씩, 조금씩, 작은 성공을 누적시켜 나갈 때 고수의 경지에 이르는 것이다. 먼지가 쌓이듯 내공이 쌓이는 것이다. 이렇게 쌓인 내공은 쉽게 무너지지 않는다.

인생을 사는 것도 마찬가지다. **오늘 하루**를 잘 살면 된다. **지금 이 시간**을 잘 보내면 된다. 소소하지만 확실한 행복, 즉 **소확행**을 즐기자. 너무 내일을 걱정하지 말자. 내일은 아무도 알 수 없다. 그러니 오늘 하루를 잘 보내자. 순간순간 행복한 생각을 많이 하기 바란다.

이렇게 '승적이익강(勝敵而益强)'은 우리의 삶을 확 바꿔놓을 수 있는 매우 깊은 의미를 가지고 있다.

생활 손자병법 체크리스트

□ 매일 꾸준하게 반복하고 있는 것이 있는가?

□ 무엇을 꼭 이루고 싶은가?

□ '승적이익강'을 내 삶에 어떻게 적용하고 싶은가?

제3화 어리석은 성공

자보전승
自保全勝

"뭐라고요? 제가요? 진짭니까?"

"다시 말씀해주세요! 암이라고요? 너무 늦었다고요?"

이런 말을 듣게 된다면 어떻게 할 것인가? 그것도 너무 늦었다는 말을 듣는다면. 앞이 깜깜, 정신이 어질, 말이 나오지 않고. 그냥 멍하니, 아무 생각도 나지 않고 '아, 내가…, 왜 하필 내가, 내가….' 이런 생각만 들 것이다.

멀리 있는 사람의 이야기가 아니다. 아주 가까운 내 친척 동생의 이야기다. 아니 우리 주변의 많은 사람의 이야기다.

동생은 미용사다. 일찍이 일본에 가서 미용기술을 배워 올 정도로 열정이 대단했고 실력도 좋았다. 한국에서도 제법 성공한 미용사였다. 그러다 보니 욕심이 생겼다. 젊은 나이에 그만하면 성공했다는 소리도 들을 정도였는데도 더 크게 성공하고 싶었다. 그래서 베트남으로 향했다. 하지만 베트남의 환경은 척박했다. 언어소통도 어렵고 사회주의의 여러 장벽도 스트레스였다.

그러나 그럴수록 동생은 악착같이 일을 했다. 잠도 거의 자지 않고 밥도 거의 먹지 않았다. 오로지 일만 해댔다.

그 열정이 통했는지 소문이 나기 시작했고 사람들이 몰려왔다. 때마침 한류 바람이 불어서 운이 좋게도 연예인들이 많이 찾는 미용실이 되었다. 그리고 또 때마침 박항서 감독이 베트남 축구를 정상으로 올려놓은 시기였고 심지어 박항서 감독도 동생의 미용실을 방문했다. 그야말로 순풍에 돛을 달았다. 운은 이렇게 오는 것이다.

7년이 지났다. 그 사이에 미장원은 6호점까지 늘어났다. 현실의 벽을 깬 기적 같은 성과다. 그야말로 인간승리였다. 불과 나이 40대 초반에.

그런데 그런 동생이 소리를 질러댔다.

"정말입니까? 제가요? 암이라고요? 그것도 한 개가 아니라…?"

그렇다. 처음에는 폐암이라고 했다. 그런데 점점 암이 전이되기 시작했다. 간에도 전이되었다. 림프샘에도 전이되었다. 뼈에도 전이되었다. 처음 폐에서 발견된 암은 4기 말기 암으로 진행되었다. 그야말로 시한부 인생이 된 것이다. 급히 한국에 왔다. 지금 15차례 항암치료를 받는 중이다.

내가 전화를 해서 왜 이 지경이 되도록 놔뒀느냐고 다그쳤다. 처음에는 약간의 증상이 있었는데 그냥 참고 넘겼다고 했다. 일을 놓을 수 없었다고 했다. 그러다가 도저히 못 참아서 병원에 갔지만, 이미 늦었다. 물론 잘 극복하리라 믿지만 안타깝다. 일을 줄이고 조금만 더 자신을 돌봤으면 이러지 않았을 것이다.

우리 주변에 동생과 같은 사람들이 의외로 많다. 성공하기 위해 몸을 돌보지 않고 일하는 사람들. 그렇게 해서 성공은 했을지라도 가장 중요한 것을 잃은 사람들, 건강도 잃고, 부부관계도 깨지고, 가족도 친구도 모두 잃어버리는 사람들이 많다. 많은 성공 중 가장 어리석은 성공이다.

손자병법 제4 군형 편에 '자보전승(自保全勝)'이라는 말이 있다. 나를 보존하고 온전하게 이기라는 뜻이다.

우선순위는 먼저 나를 보존하는 것이다. 내가 건강하고 내가 보존되어야 한다는 뜻이다. 내가 아프고, 내가 다치고, 내가 깨지면 아무 소용이 없다. 더 확장하면 내 가족까지 보존되어야 한다.

내가 보존된 상태에서 어떤 성공을 이뤘을 때 그 성공이 온전하다. 내가 아프고 내 가족이 아프고 피해를 보면서 어떤 성공을 이룬다면 그 성공은 온전하지 못한 것이다. 유명인사 중에도 이런 어리석은 성공을 한 사람이 많다. 텔레비전에 자주 나오지 않는가? 대단한 성공을 이룬 것처럼 보이는데 가정은 깨진 사람들 말이다. 사업가는 돈을 더 벌기 위해서, 공무원이나 군인은 진급하기 위해 애쓰다가 더 중요한 것을 잃지

않으면 좋겠다.

나는 요즘 열심히 걷고 있다. 동네에 있는 공원에서 걷는다. 적어도 하루에 6바퀴는 채운다. 거의 만 보다. 만 보 채우기가 생각보다 쉽지는 않다. 전에는 거의 걷지 않았는데 갑자기 왜 열심히 걷는가 하면 문득 깨달은 바가 있었기 때문이다.

'내가 아파서 병원 신세를 진다면?'

자식들에게 부담이다. 긴 병에 효자 없다는 말이 있다. 아무리 효자라 할지라도 그것도 하루 이틀이지 삼 년 정도만 지나면 어쩔 수 없이 나쁜 마음도 품게 된다. 빨리 어떻게 되었으면 하고 말이다. 부모 때문에 손발이 묶여 아무 활동도 못 할 수 있다. 들어가는 돈도 장난이 아니다. 오죽했으면 20대 아들이 뇌출혈로 쓰러진 아버지를 죽을 때까지 내버려 두었을까. 당해보지 않은 사람은 이해하지 못할 것이다. 내가 열심히 운동하는 이유는 내가 건강해야 자식들에게 부담을 주지 않기 때문이다.

이렇게 '자보전승'의 첫 번째는 **건강**이다. 건강을 잃으면 정말 모든 것을 잃는 것이다. 몸이 아프면 어떤 것도 의미가 없다. 삶의 질도 완전히 떨어진다. 그러니 규칙적으로 운동하고, 가려 먹고, 쓸데없는 걱정하지 말고, 그저 건강하자.

'자보전승'의 또 중요한 것이 있다. 절대로 다른 사람을 비난하지 않는 것이다. 어떤 사람도 비난을 받게 되면 가만있지 않는다. 방어 심리 때문이다. 내가 화살을 쏘면 그 화살에 독을 묻혀 다시 내게 쏘는 것이 인간이다. 오죽하면 원수를 사랑하라는 말이 있는가. 거의 불가능해 보이지만 가만히 생각해보면 가능하다. 왜냐하면 원수를 사랑하는 것은 결국은 나를 위한 것이기 때문이다. 내가 누구를 미워하면 그 미움이 그 사람에게 들어가지 않고 사실은 내 속에 독소로 쌓인다. 내가 누구를 사랑하면 그 사랑이 그 사람에게 들어가지 않고 내 속에 좋은 기운으로 쌓인다. 그러니 원수를 사랑하면 그 사랑의 좋은 기운이 내 속에 쌓이는 것이다. 이제 원수를 사랑하는 것이 가능할 것 같은가? 최고의 처세술이 있다. 절대로 남을 비난하지 않고 대신 무조건 칭찬하는 것이다. 이것만 잘 지키면 확실하게 나를 보존하고, 절대로 손해 볼 일이 없다.

생활 손자병법 체크리스트

□ 운동은 얼마나 하고 있는가?

□ 혹시 진급이나 사업확장을 위해 무리수는 없는가?

□ '자보전승'을 내 삶에 어떻게 적용하고 싶은가?

제나화 여기 방배경찰서인데요

용이시지불용
用而示之不用

"지금 당장이요? 네? 조금 시간을 주시면? 안된다고요? 지금 당장 해야 한다고요? 확인해보라고요? 알았어요, 잠시만요!"

다급한 상황이다. 이게 무슨 상황 같은가? 실제로 내 이웃이 당했던 일이다. 바로 고약한 보이스피싱이다. 한순간에 돈을 날렸다고 한다. 200만 원? 아니다. 2,000만 원? 아니다. 무려 2억 원이다! 헐! 정신 차렸을 때는 이미 끝나버렸다. 어떤 해결책도 없었다. 뒤늦게 신고해도 소용없었다. 그냥 그대로 당한 것이다. 꼼짝없이 당한 것이다.

보이스피싱!

영어로 voice phishing. 음성 voice와 개인 정보 private data, 낚시 fishing을 합성한 용어다.

방법도 아주 교묘하게 진화를 거듭하고 있다. 이제는 도무지 진짜인지 가짜인지 구분이 안 된다. 공공기관의 홈페이지도 진짜같이 만들어 보여주고 직접 담당자 전화까지 바꿔 준다. 그리고 그 담당자가 다른 담당자를 연결해주니 몇 번을 거치다 보면 진짜로 착각한다. 심리적으로 깜박 속아 넘어갈 화법을 사용하는 진짜 전문가들이자 속이기의 고수들이다.

지난해 7월에 내 친구가 당했던 보이스피싱 사례를 한번 보자. 오후 2시쯤 전화가 왔단다. 앳된 여자 목소리라고 했다.

"여보세요, 김○○ 씨죠? 여기 ○○농협 마트인데요. 김○○ 씨 신용카드로 물건을 구매하려는 손님이 있는데 수상해서 전화했어요. 지금 급히 서둘러야 해요. 현금인출도 하려고 하네요."

"네? 내 카드는 지금 지갑에 있는데요?"

"도용한 건가 봐요. 저 여자 잡아야 해요(잠시 후, 멀리 있는 사람을 부르듯). 여보세요. 마침 경찰관이 왔네요."

가짜 경찰이 전화를 바꿔 계속 통화한다.

"방배경찰서 ○○○ 경위입니다."

방배경찰서? 뭐야 이거? 갑자기 드는 의심! 다행히 친구는 마지막 순간에 정신을 차려 그들의 속임수에 넘어가지 않았다고 한다. 귀신에 홀린 것 같았다고 말한다. 진짜 깜박 속을 뻔했다고 한다. 아차 하는 순간이다.

며칠 전에는 내게도 이상한 문자가 날아왔다. 그대로 옮겨본다. 아마 나와 같은 문자를 받은 사람도 있을 거다.

'아빠, 휴대폰을 바꾸고 있는데 위약금이 정리가 안 돼서 나는 직접 못한대요. 잠시 아빠 명의로 신청해도 돼? 신청하면 곧바로 다시 내 명의로 바꿀 수 있대.'

어떤가? 그럴듯하지 않는가? 자식 일인데 당연히 들어줘야지. 그래서 문자로 답을 해줬다.

'그래. 아들아, 걱정하지 마라. 그런데 지금 너 같이 나쁜 짓 해서 교도소에 들어간 사람들이 많단다. 너도 조심하거라. 교도소 들어가기 전에.'

실제로 내가 보낸 문자다. 이 정도 수준은 솔직히 초보들이 하는 거다. 금방 알 수 있지 않은가? 그런데 의외로 여기에도 속아 넘어가는 사람이 많다고 한다. 막상 접하게 되면 순간 뭐에 홀리는 것이다.

손자병법 제1 시계 편에 '용이시지불용(用而示之不用)'이라는 말이 있다. 사용하면서도 사용하지 않는 것처럼 보인다는 뜻이다.

보이스피싱을 하면서도 하지 않는 것처럼 보이는 것이다. 보이스피싱을 하는 인간들은 그게 직업인지라 온갖 머리를 쥐어짜서 접근한다. 그러니 선량한 시민은 일일이 대처하기가 쉽지는 않다. 그렇다고 마냥 당하고만 있을 수는 없다.

보이스피싱에 대비하는 방법은 이렇다. 모르는 사람의 전화나 문자는 절대로 응답하지 마라. 불확실한 앱이나 프로그램을 깔지 마라. 원격으로 돈이 빠져나간다. 무슨 설문을 한다고 전화가 오면 일단 조심하라. 응답하거나 전화를 하면 그 순간 돈이 빠져나갈 수 있다. 계좌가 범죄에 연루되었다는 전화는 무조건 보이스피싱이라 보면 된다.

숨넘어갈 듯이 몰아가더라도 절대로 말려들지 마라. 오히려 급하게 서둘 때는 의심하라. 당황하지 말고 차분하게 대처하면서 그냥 끊어버려라.

검사니, 금융감독원이니, 경찰이니 하는 말은 절대로 믿지 마라. 그 사람들이 그렇게 한가한 사람들인가? 일일이 개인에게 전화를 거는 일은 절대로 없다. 내 형도 경찰이었는데 30년 동안 단 한 번도 직접 전화해본 적이 없었다고 한다.

그래도 뭔가 찝찝하면 전화로 대응하지 말고 그냥 은행으로 가라. 은행에 가면 정확하게 확인할 수 있다.

공짜 치즈는 덫 안에 있다. 공짜 너무 바라지 마라. 세상에 공짜는 없다. 혹시라도 공짜로 돈을 주겠다고 하면 보이스피싱이다.

만약에 보이스피싱을 당했다면 당황하지 말고 아래로 전화를 해라.

☏ **112** (지급정지 및 피해신고)

☏ **118** (피싱사이트 신고)

☏ **1332** (피해상담 및 환급)

손자병법 제1 시계 편에 보면 '병자궤도(兵者詭道)'라는 말이 나온다. '전쟁은 속임수다'라는 의미다. 전쟁은 무조건 이겨야 하니까 속임수가 많을 수밖에 없다. 그런데 문제는 우리가 사는 일상에서다. 아무리 전쟁과 같은 삶이라 하더라도 사람을 속이면 안 된다. 그런데 속이는 사람이 너무나 많다. 도대체 누구를 믿어야 할지 모를 정도다. 열 명이 지켜도 한 명의 도둑을 못 막는다는 말이 있다. 속이려고 작정하고 들면 당하지 않을 사람이 없다. 선량한 사람일수록 더욱 그렇다. 그렇게 믿었는데 결정적인 순간에 배반하는 사람도 있다. 특히 돈과 관계되면 더욱 그렇다. 겉으로 봐서는 절대로 사람을 모른다. 열 길 물속은 알지라도 한 뼘도 안 되는 사람 속은 모른다고 하지 않는가. 사람의 생각은 너무 복잡하다. 절대로 단순하지 않다. 저 머릿속에 뭐가 들어 있는지 참 알 길이 없다. 그래서 우리는 누구를 대하든, 어떤 상황에 접하든 신중해야 한다. 중요하고 다급한 일일수록 곧바로 결정하지 말고 한 번 더 생각해야 한다. 사실 조금 늦더라도 문제가 되지 않는다. 그러니 신중하고 또 신중하기 바란다.

생활 손자병법 체크리스트

□ 보이스피싱을 경험해 본 적이 있는가?

□ 보이스피싱을 알아차릴 수 있는가?

□ '용이시지불용'을 내 삶에 어떻게 적용하고 싶은가?

제5화 부부싸움도 졸속으로

졸속
拙速

“뭐라고? 말 다 했어?”

“가지가지 하는구나!”

“왜 소리쳐? 왜 화내?”

“뭘 잘했다고! 다 때려치우자!”

“진짜야? 이혼해!”

“이혼?”

부부싸움을 하다 보면 별말이 다 나온다. 속에 꾹 참고 있었던 말이 나올 때도 있지만, 그냥 툭 던지는 말도 있다. 즉흥적인 말. 사실 이런 말 때문에 상황은 더 나빠질 수 있다. 그래서 급기야 이혼이라는 말도 나오게 된다.

부부싸움은 참 연구대상이다. 큰일보다는 아주 작은 일이 뇌관이 된다. 텔레비전을 보면서 밥을 먹을 때 텔레비전에서 엄청난 뉴스가 쏟아진다. 북극에 얼음이 녹아서 지구온난화를 걱정하고 있다. 그런데 그 심각한 온난화 때문에 부부싸움이 시작되지는 않는다. 인도에 코로나 19로 죽는 사람이 수천 명이 되어도 그것 때문에 부부싸움을 하지 않는다.

그러면 언제 하게 되는가? 밥을 먹는데 국이 조금 짜다. 그래서 '무심코' 툭 한 마디 던진다.

"짜네."

"짜다고? 혓바닥에 뭐가 있나?"

"혓바닥?"

시작이다. 불이 붙었다. 나중에는 옆집 아저씨 이야기가 나온다. 더 열 받친다. 감정의 증폭 현상이다. 급기야 상이 엎어진다. 텔레비전이 박살 난다. 최신형이라고 거금을 투자해 며칠 전에 구입했던 휴대폰이 날아간다. 아….

이게 부부싸움이다. 부부싸움도 졸속해야 한다. 졸속? 무슨 말인가? 졸속이라니?

손자병법 제2 작전 편에 '졸속(拙速)'이라는 말이 있다. 졸렬하지만 빨리라는 뜻이다. 전쟁은 오래 끌어서 좋은 것이 없으니 빨리 끝내라는 것이다.

그런데 '졸속', 어디서 많이 들어보지 않았는가? 행정 졸속, 졸속처리, 그렇다. 행정관서에서 많이 사용한다. 그런데 우리가 일반적으로 아는 이런 졸속은 아주 부정적인 의미가 있다. 대충, 아무렇게나 처리한다는 뜻이다. 본래의 뜻하고는 다르다. 본래 졸속이라는 말은 손자병법에 나온다. 그 뜻은 심오하다. 대충, 아무렇게나 처리하는 것이 아니다. 졸속에는 크게 두 가지 의미가 있다.

첫 번째 의미는, 비록 미흡할지라도 '빨리 결정'을 하라는 것 즉, 타이밍의 문제다. 어떤 결정을 내려야 할 때 너무 심사숙고해서 때를 놓치지 말라는 것으로 우리가 잘 아는 이야기가 있다. 2000년에 소프트뱅크의 손정의가 알리바바의 마윈을 만났을 때다. 딱 6분 만에 200만 달러의 투자를 결정해버렸다. 딱 6분이다. 그리고 그 결정은 나중에 3,000배의 이익을 안겨다 주었다. 손정의는 결심하는 데 오래 끌지 않고 순간적인 직감을 믿었다. 마윈의 눈빛과 그의 비전을 본 것이다. 비록 미흡할지라도 '빨리 결정'하는 것, 이것이 졸속의 첫 번째 의미다.

두 번째 의미는, 비록 내 욕심에는 차지 않을지라도 '빨리 끝내라'는 것, 즉 멈춤의 문제다. 지금 하는 일을 언제 끝내느냐 하는 것인데 이게 쉽지 않다. 어떤 일이 잘 안 될 때는 쉽게 끝낸다. 그런데 일이 술술 잘 풀릴 때는 끝내지 못한다. 자꾸 계속하게 된다. 주식을 보면 알 수 있다. 주가가 올라갈 때 끝내는 사람이 어디 많은가? 자꾸 욕심이 생긴다. 그래서 끝내야 할 시점을 놓치고 그래서 결국 망한다. '폭망'이라 하지 않는가? 졸속의 실패다. 끝내야 할 때 끝내지 못하면 반드시 어려움에 직면하게 된다. 사람은 언제 끝내야 할지를 잘 알아야 한다. 그래서 출구전략이 있는 거다.

졸속에 실패하는 주된 원인은 욕심이다. 욕심 때문에 졸속이 잘 안된다. 자족이 필요하다. 스스로 만족하는 방법이다. 현명한 사람은 자족하는 사람이다. '이만하면 됐어.' '욕심내지 말자.' 자족하면 모든 일에 감사하게 된다. 감사하면 좋은 일이 많아진다. 감사하자. 그저 감사, 감사, 감사다. 사탄이 유일하게 할 수 없는 말이 감사다.

부부싸움뿐만 아니다. 사람 간의 불화, 언쟁도 오래 끌어서 좋은 것은 없다. 비록 내 마음에는 차지 않을지라도 욕심을 버리고, 멈추고, 졸속하는 것이 좋다.

생활 손자병법 체크리스트

□ 어떤 결정을 질질 끌어 손해 본 적이 있는가?

□ 지금 내가 하는 일 중에 멈춰야 할 것이 있는가?

□ '졸속'을 내 삶에 어떻게 적용하고 싶은가?

제6화 표현하지 않으면 꽝이다

도자영민여상동의
道者令民與上同意

"그게 말이라고? 그래서, 전화했어요?"

"왜요?"

"똑같아, 변한 게 없어!"

이게 또 무슨 대화일까? 그렇다. 부부간에 하는 대화다. 그런데 그 내용이 심상치 않다. 뭔가 어긋나 있는 것 같다. 싸우나?

어제는 모처럼 가까운 지인 부부가 놀러 왔다. 잘 익은 시래기 코다리로 맛있는 식사를 했다. 그리고 조용한 찻집에서 대화를 나눴다. 대화가 무르익으니 별 이야기가 다 쏟아져 나왔다. 지금 대화가 바로 그때 대화다. 뭔가 심각하지 않은가? 이들 부부의 이야기를 조금 더 들어보자. 아마도 이 대화에서 당신도 자유로울 수는 없을 것 같다. 그의 아내가 말했다.

"당신은 맨날 말밖에 없어요."
"내 마음은 그렇지 않아."
"그러면 행동으로 보여줘야죠!"
"내가 뭘 어떻게 했어?"
"퇴근할 때는 꼭 전화를 해줘야 저녁 준비를 하죠!"
"바쁘다 보면 깜박할 때가 있지!"
"하루 이틀도 아니고 맨날 그러니 원!"
"그래도 내 속은 당신 생각으로 꽉 찼어."
"꽉 차 있으면 뭐해?"
"……."

어떤가? 이 대화에서 뭔가 찔리는 대목은 없는가? 나와 아내가 묵묵히 듣고 있었다. 그러다가 잠시 틈이 생겨 끼어들었다.
"아무리 마음은 있어도 표현하지 않으면 꽝이야!"

표현하는 것! 이는 참 중요하다. 말로 표현하든지 행동으로 표현하든지 일단 표현해야 한다. 표현하지 않으면 속에 뭐가 들어있어도 소용없다. 미국 사람들은 아침에 출근할 때도 '사랑해요'라고 말한다. 퇴근해서도 '사랑해요'라고 말한다. 시시때때로 뽀뽀까지 하면서 사랑을 표현한다.

대체로 남자들은 표현을 잘 못 한다. 특히 경상도 남자들. "밥도!", "아(애)는?", "자자!" 세 마디뿐이다. 마음속에 있으니까 됐다는 식이다. 나도 경상도 남자지만 적어도 집 안 청소나 설거지 정도는 한다. 빨래도 갠다. 그리고 결정적인 이야기를 할 때도 있다. "당신은 나이가 들어도 여전히 예뻐. 당신 보면 내 마음이 처음 만났을 때와 똑같아. 어찌 그런지 나도 몰라." 경상도도 경상도 나름이다.

한때 유명한 책『화성에서 온 남자 금성에서 온 여자』가 있다. 전혀 다른 별에서 와 지구에서 만나니 남자와 여자는 근본적으로 다르다는 것이다. 태생적으로 다르니까 이해하기는 좀처럼 쉽지 않다. 남자는 결론부터 말하고 여자는 과정을 말한다. 내 아내도 누구와 전화를 할 때 보면 그렇다. 나는 그냥 결론은 이렇다 하고 끝낸다. 그런데 아내는 하나하나 그 과정을 다 설명하고 결론을 말한다. 뭐 저렇게 빙빙 돌려 말하는지. 답답하다. 달라도 한참 다르다. 어떨 때는 속이 터진다.

손자병법 제1 시계 편에 '도자영민여상동의(道者令民與上同意)'라는 말이 있다. 도라는 것은 백성과 더불어 같은 뜻을 가진다는 의미이다. 그래서 모든 리더는 도를 만들기 위해 노력하라는 것이다.

가정의 도란 서로 마음이 통해 '하나'가 되어야 한다는 것이다. 부부의 도가 있다. 자녀와의 도가 있다. 이는 소통을 뜻하며 서로 통하는 것이다. 막히면 통하지 않는다. 여기서 중요한 것이 있다. 진정한 소통은 받아들이는 측에서 그것을 느껴야 한다는 것이다. 말하는 측이 아니다. 듣는 측이다. 아무리 말을 해도 그것을 듣는 사람이 제대로 받아들이지 못하면 그것은 소통이 아니라 훈시다. 그냥 퍼붓는 것이다.

소통에서 공감 능력은 참 중요하다. 같이 느끼는 것이다. 상대가 아파하면 같이 아파하는 것이다. 시대의 석학 이어령 교수. 그가 어느 날 마루에 쪼그리고 앉아 발톱을 깎다가 눈물 한 방울을 뚝 떨어뜨렸다고 한다. 문득 새끼발가락을 보는 순간 온갖 회한이 밀려왔다는 것이다.

"이 무거운 몸뚱이를 짊어지고 80년을 달려오느라 얼마나 힘들었느냐? 나는 왜 이제야 너의 존재를 발견한 것이냐."

그가 말하기를 지금 우리에게 가장 필요한 것은 '눈물 한 방울'이라고 했다. 눈물로 표현하든 말로 표현하든 표현해야 한다.

사람은 이성과 논리보다는 감정에 흔들리는 존재다. 아주 작은 말 한

마디에 마음이 움직인다. 우리 부부는 일주일에 한 번 손녀를 봐주러 아들네 집에 간다. 며느리가 일을 마치고 돌아오면 가끔 이런 말을 한다.

"아버님, 어머님, 고맙습니다. 덕분에 마음 편하게 일할 수 있어요."

마음이 사르르 녹는다. 이 말 한마디면 충분하다. 무슨 거창한 것도 아니다. 그냥 사소한 한마디다. 이게 표현의 힘이다.

만약에 며느리가 마음에는 가득 있어도 표현하지 않았다고 하자. '얘가 지금 당연하게 생각하나?' 속에서 섭섭함이 올라올 거다. 섭섭병이다. 이게 또 무섭다. 섭섭병이 도지기 시작하면 막을 재간이 없다. 그런데 그런 표현 하나가 섭섭병을 막는다.

'덕분입니다, 고마워요, 사랑해요, 최고!'

지금부터라도 이런 말을 자주 해보자. 절대로 손해 볼 일 없다.

인간관계는 작은 표현에서 완성된다. 아무리 속에 꽉 차 있어도 표현하지 않으면 꽝이다.

생활 손자병법 체크리스트

□ 가족과 하루에 몇 분이나 대화하고 있는가?

□ 주로 표현하는 편인가?

□ '도자영민여상동의'를 내 삶에 어떻게 적용하고 싶은가?

제7화 이건희가 부러워한 것은?

무소불비무소불과
無所不備無所不寡

"어쩌면! 부럽네, 어쩌면 저렇게?"

"타고났어, 좋겠다!"

"팔자도 좋아, 복도 많지, 다 가졌네!"

혹시 이런 말이 저절로 나왔던 적은 없는가? 텔레비전 드라마에 나오는 인물을 보면서, 아니면 실제로 어떤 사람을 보면서. 아마도 한 번쯤은 있을 것이다.

우리 주변을 돌아보면 정말 대단한 사람들이 많다. 얼굴이 예쁜데 돈도 많은 사람, 돈을 많이 벌어 기부도 척척 하는 사람, 인기가 많은 영화배우나 탤런트, 팬들에 둘러싸인 스포츠 스타, 청소년의 우상인 프로게이머, 노래도 잘하고 끼도 많은 트로트 가수. 어떤가? 이런 사람들을 보면 저절로 부럽다는 생각이 들지는 않는가?

자, 그런데 과연 그럴까? 다 가진 것일까? 조금 더 깊이 들여다보자. 과연 모든 것을 다 가진 사람이 얼마나 있겠는가? 설령 모든 것을 다 가졌다고 해도 과연 그 사람의 삶이 진정으로 행복할까?

삼성의 고 이건희 회장은 적어도 돈에서만큼은 부족한 게 없는 사람이었다. 그런데 말년을 병원에서 지냈다. 과연 그가 행복하다고 느꼈겠는가? 만약에 당신에게 10억원을 줄 테니 그가 누웠던 침대에서 10년간 누워있겠느냐고 제안한다면 선뜻 그렇게 하겠는가?

세상에는 돈으로 살 수 없는 것이 많다. 돈으로 좋은 침대는 살 수 있어도 좋은 잠은 살 수 없다. 돈으로 좋은 집은 살 수 있어도 좋은 가정은 살 수 없다. 돈으로 좋은 성경책은 살 수 있어도 좋은 신앙은 살 수 없다. 돈으로 좋은 약은 살 수 있어도 좋은 건강은 살 수 없다. 돈으로 해결할 수 없는 것들이다.

문병을 가보면 수많은 환자를 만나게 된다. 침대에 누워있는 그들을 보면 돈이 그렇게 중요하지 않다는 생각이 저절로 든다. 기껏해야 침대 하나가 전부다. 아무리 돈이 많아도 그냥 똑같은 크기의 침대 하나다.

침대를 금으로 만든다 해도 다를 게 없다. 금침대든 철침대든 그게 그거다. 금침대에 누워있었던 이건희가 무엇을 부러워했을까?

無所不備 無所不寡

손자병법 제6 허실 편에 '무소불비무소불과(無所不備無所不寡)'라는 말이 있다. 부족한 곳이 없도록 하려 한다면 부족하지 않은 곳이 없다는 뜻이다. 모든 곳을 다 막으려고 하면 제한된 인원과 자원 때문에 부족한 곳이 발생할 수밖에 없다는 것이다.

우리의 인생도 이와 같지 않을까. 모든 것을 다 가지려고 하면 부족한 것도 생기기 마련이다. 돈을 많이 가지려 한다면 그에 따른 희생도 따른다. 건강도 잃고 심지어 가족까지 잃을 수 있다. 실제로 그런 사람이 주변에 얼마나 많은가? 이제 살만하다 싶었는데 몹쓸 병에 걸려 시한부 인생을 사는 사람, 밖에만 돌아다니다가 가정이 파탄 난 사람….

많은 연예인이 극단적 선택을 했다. 왜 그랬을까? 다 가진 듯이 보였던 그들인데. 속은 그렇지 않았다. 인기가 조금이라도 시들해지면 우울증에 시달리고, 누가 좋지 않은 악플 하나만 달아도 견디지 못한다.

얼굴이 많이 알려진 사람은 길거리 호떡 하나 사 먹기도 쉽지 않다.

돈이 많거나 권력이 대단한 사람은 불안해서 어디 마음대로 혼자 다니지도 못한다. 경호원에 둘러싸여 사는 인생이 뭐 그리 행복할까? 차라리 아무 데서나 발 뻗고 잠도 자고, 마음 편히 호떡 하나 사 먹는 인생이 좋지 않을까?

권력자들도 극단 선택을 한다. 대중이 모르는 그들만의 고충이 있는 것이다. 권력자는 못 되더라도 손녀의 재롱을 보면서 소박하게 늙어가는 내가 훨씬 행복하다.

문제가 없는 사람은 없다. 모든 것을 다 가진 사람은 없다. 따지고 보면 한 사람이 가지는 일생의 행복과 불행의 총량은 모두가 같다고 할 수 있다.

우애령의 책 『숲으로 가는 사람들』 중에 지금까지 한 말과 딱 맞는 글이 나온다. 그대로 옮긴다.

"모든 것을 다 갖는 삶은 누구에게도 오지 않는다.
겉으로 그렇게 보일 뿐이지요.
무슨 일이 생기더라도
얻는 것만 있거나 잃는 것만 있는 일은
우리 삶에서 일어나지 않습니다.
잃는 부분을 받아들일 준비가 되어 있지 않으면
상실이 다가올 때마다 더 큰 좌절을 느낄 수도 있지요."

좋은 글이다. 얻는 것이 있으면 잃는 것도 있다. 부족하면 부족한 대로 받아들이며 살아가자. 세상사 마음먹기에 달린 거 아닌가?

가끔 차창 너머로 무덤을 보지 않는가? 수많은 무덤이 있는 공동묘지를 볼 때도 있다. 아마도 무덤을 보며 그냥 지나치는 사람은 거의 없을 거다. 적어도 한 번쯤은 상념에 빠져 봤을 것이다. 저 무덤의 주인공도 한때는 살아 있었던 사람이 아닌가. 살아 있었을 때 어떻게 살았을까? 궁금하기도 하다. 나름 옷도 잘 입고, 맛있는 음식을 찾아 돌아다닌 사람도 있을 것이다. 노래를 좋아해서 노래를 많이 불렀던 사람도 있을 것이다. 얼굴에 자신이 있어 얼굴 가꾸는 재미로 살았던 사람도 있을 것이다. 돈이 많아서 돈으로 온갖 것 누리며 살았던 사람도 있을 것이다. 조그마한 권력을 가져서 거만 떨며 살았던 사람도 있을 것이다. 별별 종류의 인생을 살았던 사람들이 이제는 저 무덤에 들어 있다. 어떤 무덤 속은 이미 다 썩어서 흙밖에 없을 것이다. 허무하지 않은가? 도대체 사람이 무엇인가? 죽으면 그냥 아무것도 아니다. 다 똑같다. 잠깐 사는 세상인데 뭐가 그리 잘났고, 뭐가 그리 대단한가. 인생을 잘 생각해야 한다. 어떻게 살아야 좋은지. 어떤 인생이 행복한지. 어떤 인생이 나중에 후회가 없을지. 잘 생각하며, 잘 살아야 한다. 사람의 겉모습만 보고 부러워하지 말라. 사실 故이건희 회장은 돈은 많았지만 가정사는 결코 행복하지 않은 듯하다. 두 자녀가 이혼했고, 막내딸이 미국에서 극단적 선택을 했다. 본인도 말년에는 병실에만 있었다. 당신은 이건희가 그토록 부러워한 것을 갖고 있을지도 모른다.

생활 손자병법 체크리스트

□ 나는 행복한가?

□ 내게 이건희가 부러워할 만한 것이 무엇이 있을까? 생각나는 대로 적어보자.

□ '무소불비'를 내 삶에 어떻게 적용하고 싶은가?

제8화 가수는 아무나 하나

이정합 이기승
以正合 以奇勝

"우와! 까르르!"

"저게 뭐야? 세상에!"

"저게 가능해? 대박! 죽이네!"

무슨 말 같은가? 텔레비전에서는 트로트 가수 경연이 벌어지고 있다. 그런데 갑자기 발을 차며 태권도를 한다. 보고 있는 사람들이 소리를 질러댄다. 나도 보면서 깜짝 놀랐다. 저게 가능해? 기가 막힌다. 어떻게 저런 동작을 하면서 노래를 불러? 공중에서 한 바퀴를 돌고 뒤돌려차기를 하면서 노래를 부른다. 거친 숨소리도 안 난다. 저절로 감탄사가 나온다. 노래가 끝났고 태권도도 끝났다. 심사평이 이어진다.

"어떻게 이게 가능한지 놀랍네요. 대단합니다. 노래도 아주 안정되게 잘 불렀어요."

다행이다. 노래도 잘 불렀다고 평가하니. 중요한 것은 바로 이거다. 노래다. 지금 트로트 경연대회다. 노래 실력을 겨루는 대회다. 무엇이 핵심인가? 노래다! 노래 실력을 보는 것이다. 태권도 경연이 아니다. 노래를 잘 불러야 다음 단계로 넘어가는 경연이다. 그런데 다행히 노래도 잘 불렀다.

가끔 본질을 놓칠 때가 많다. 노래 경연대회에서는 노래를 잘 불러야 한다. 그런데 노래보다도 퍼포먼스에 집중하는 사람이 있다. 본질을 놓친 것이다. 물론 노래에 자신이 있을 때는 그렇게 할 수도 있다. 그런데 대부분의 경우 부족한 노래 실력을 조금이라도 메우려는 심정으로 다채로운 퍼포먼스를 연출한다.

가수는 노래를 잘 불러야 가수다. 아무런 퍼포먼스를 하지 않더라도 노래만 잘 부르면 된다. 사람들이 가수에게 거는 기대는 그저 노래를 잘하는 것이다. 만약에 가수가 노래를 못 부르면 누가 그 가수의 노래를 들으려 하겠는가? 본질의 문제다. 차를 운전하다가 노래를 들을 때는 퍼포먼스는 보이지 않는다. 오직 소리만 들린다. 그래서 가수는 노래를 잘 불러야 한다.

나도 노래를 좋아한다. 최근의 뜨거운 트로트 열풍에 자극을 받아 내가 운영하는 유튜브 '노병천TV'에 내 노래를 올리기도 했다. 믿기지 않는가? 옛날 전통가요를 좋아해서 고복수의 타향살이와 남상규의 추풍

령 두 곡이다. 나름대로 열심히 불렀다. 몇 번이고 고쳐가며 완성했다. 그 과정에서 스스로 깨달은 것이 있다. '아, 나는 안돼!'

호흡부터 발성, 박자, 모든 것이 쉽지 않았다. 노래를 정식으로 부른다는 것이 얼마나 어려운지 알았다. 내 아내는 성악가 출신이다. 덕분에 클래식 노래를 많이 들었고 곁 동냥으로 배우기도 했다. 그런데 막상 노래를 유튜브에 올리려고 준비해보니 절대로 쉽지 않았다. 그냥 흥얼거릴 때와 달랐다. 그래서 프로와 아마추어가 다른 것이다. 역시 프로는 프로다. 가수는 아무나 하나.

어쨌든 우여곡절 끝에 내 노래를 완성했다. 그리고 그 노래를 복사해서 아주 가까운 지인에게 보내줬다. 어떤지 들어보라고 한 것이다. 내심 기대했다. '와, 잘 부르네! 가수 해도 되겠다!' 인사치레라도 그렇게 해야 마땅했다. 그런데 내게 돌아온 답변은 이렇다.

"노래 잘 부르네."

흐뭇했다.

"그런데 자네 노래는 우리끼리만 듣는 거로 하자."

그 즉시 유튜브에서 내렸다.

손자병법 제5 병세 편에 '이정합 이기승(以正合 以奇勝)'이라는 말이 있다. '정'으로써 합하고 '기'로써 승리한다는 뜻이다. '정'은 기본이다. 본체다. 실력이다. 이런 '정'을 바탕으로 해서 '기'로써 이긴다는 것이다. '기'는 새로운 발상, 아이디어를 말한다.

트로트 경연대회에서 노래를 잘 부르는 것은 '정'이다. 그 외 다채로운 퍼포먼스는 '기'라 할 수 있다. '기'가 '정'을 앞설 수는 없다. '정'이 먼저고 기본이다. 이것이 안 되면 '기'가 아무리 그럴듯해도 오래 가지 못한다. 금방 바닥이 드러난다. '기'의 한계다.

'정'이 약하면 '기'가 약해진다. 그래서 무엇보다도 '정'을 탄탄하게 갖춰야 한다. 실력을 쌓고, 책을 읽고, 경험도 넓히고, 여러 피눈물 나는 노력을 해서 '정'을 탄탄하게 만드는 것이다.

박진영은 무대에 한 번 서기 위해 하루 20시간 금식을 일 년 동안이나 한다고 한다. 몸을 만들기 위해서다. 저절로 그의 입에서 나오는 소리가 있다. '죽겠다!' 그만큼 처절하게 '정'을 만들기 위해 애쓴다.

화가는 그림을 잘 그려야 화가다. 기본이 탄탄하게 갖춰진 화가가 그린 그림은 다르다. 내가 가볍게 그린 만화 하고는 차원이 다르다. 기본의 문제다. 기본이 약하면 피카소의 그림을 봐도 도대체 이해할 수 없다. “저게 무슨 그림인가? 저게 왜 유명한가? 저게 왜 대단한가?” 심지어 더 나간다. “내가 그려도 저보다 더 잘 그리겠다.” 관 속의 피카소가 벌떡 일어나겠다.

전문가는 ‘정’이 탄탄한 사람을 말한다. ‘정’이 탄탄하면 오래간다. 얄팍한 지식만 가지고는 오래가지 못한다. 그리고 ‘정’이 탄탄할수록 확장하는 범위가 넓어진다. 내가 오랫동안 손자병법을 공부하고 나름대로 탄탄한 ‘정’을 만드니까 이를 기반으로 거의 모든 분야에 응용할 수 있었다. 군대에 있을 때는 손자병법으로 부대를 성공적으로 지휘했다. 사회에 나와서는 손자병법으로 수많은 기업과 단체에서 강의했다. ‘정’이 탄탄하니까 이렇게 어디서든 마음껏 ‘기’를 발휘할 수 있는 것이다. 탄탄하게 기댈 언덕을 하나 만드는 것이 ‘정’이다. 탄탄한 언덕을 바탕으로 세력을 확장하고, 이익을 거둬들이는 것이 ‘기’다. 맥도날드는 창업자가 말했듯이 햄버거가 아니라 부동산으로 돈을 번다고 한다. 맥도날드가 들어서면 그 땅이 몇 배나 뛰기 때문이다. 여기서 햄버거는 ‘정’이고 부동산은 ‘기’라 할 수 있다. ‘정’인 햄버거가 없었다면 맥도날드 자체가 존재하지 못하기 때문에 햄버거는 반드시 있어야 하는 탄탄한 언덕인 것이다. 우선 탄탄한 ‘정’을 갖추자. 그리고 ‘정’을 바탕으로 마음껏 ‘기’를 발휘하자. 이것을 기정전략(奇正戰略)이라 부른다. ‘이정합 이기승’은 우리 일상의 여러 분야에서 매우 유용하게 활용이 가능하다.

생활 손자병법 체크리스트

□ 나는 실력을 기르기 위해 어떤 노력을 하는가?

□ 어떤 분야의 전문가가 되고 싶은가?

□ '이정합 이기승'을 내 삶에 어떻게 적용하고 싶은가?

제9화 아내 말 잘 들으면

무시기불공 시오유소불가공야
無恃其不攻 恃吾有所不可攻也

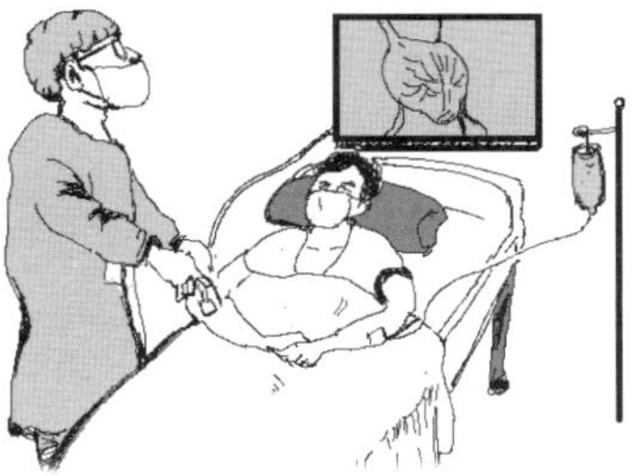

"이런! 큰일 날 뻔했네요!"

"누가 이런 시술했다고 했었지요?"

"그분에게 밥 한 번 사세요!"

무슨 대화 같은가? 이 대화를 듣고 알아맞히는 사람은 둘 중에 하나다. 직접 이런 일을 겪었던 사람, 아니면 아주 신통력이 있는 사람이다. 병원 수술실에서의 대화다. 의사가 하는 말이다. 그것도 집도 중인 의사가 하는 말이다. 환자는 국소마취를 했기 때문에 의식은 멀쩡한 상태다. 환자가 누굴까? 눈치 빠른 사람은 금방 알아차렸을 거다. 바로 나다. 심장에 스텐트를 시술하는 중이다. 시술하고 있는 의사가 내게 하는 말이다. 막상 심장을 내시경으로 들여다보니 두 군데나 막혔다고 했다. 그것도 95%나. 아찔! 정말 그대로 놔두었다면 어찌 되었을까? 어디 가서 혼자 있다가 자칫 잘못되면? 그냥 가는 것이다. 늘 듣던 돌연사가 아닌가.

내가 이런 시술을 받게 될 줄은 꿈에도 하지 않았다. 왜냐하면, 아주 건강했기 때문이다. 어디 불편한 데가 없었다. 지금도 아무리 힘든 일을 해도 피곤한 줄을 모른다. 내 입으로 '아, 피곤하다'라고 말해 본 적이 없다. 잠을 몇 시간 자지 않아도 끄떡없다. 타고난 강골인가 싶다. 하지만 본래 이런 사람이 위험하다. 한 방에 훅 가는 경우가 있다. 오히려 골골하는 사람이 오래 산다. 골골 100년이란 말이 그거다.

며칠 전에 사돈 내외와 점심을 했다. 거의 두 달 만에 만난 것이다. 바깥사돈이 이런 말을 했다. "그새 두 명이나 갔어요." 친구가 죽었다는 것이다. 그것도 두 달 새 두 명이나. "건강했는데. 무슨 병도 없었는데…." 평소에 건강하다고 자신했던 사람이 오히려 위험하다는 것이다.

건강을 자부했던 내가 갑자기 병원을 찾고 이렇게 시술을 받게 된 데는 계기가 있었다.

4년 전에 가까운 친구가 갑자기 응급실로 실려 간 것이다. 급성 심근경색이었다. 다행히 위험한 고비를 넘겼다. 심장 스텐트를 세 개나 심었다. 그는 나와 나이가 같다. 아내가 말했다.

"여보, 당신도 한 번 심장 검사를 해봐야 하지 않아요?"

"에이, 무슨! 아무런 증상도 없는데."

그냥 넘겼다. 그리고 시간이 많이 지났다. 어느 날 막내며느리의 친구 아버지가 갑자기 쓰러졌다. 안타깝게도 현장에서 세상을 떠났다. 사인은 역시 심근경색이었다. 20분 동안 아무도 발견하지 못했다고 한다.

이쯤 되니 아내가 그냥 있을 리 없다.

"당장 병원 가요!"

그래도 내심 가기 싫었다. 아무런 증상이 없고 이렇게 건강한데? 왜 내가? 하지만 아내 말을 듣자 해서 소 끌려가듯이 그냥 끌려서 병원에 갔다. 이것저것 검사를 했다. 피검사는 늘 그랬듯이 아주 깨끗했다. 내가 큰소리쳤다.

"봐! 깨끗하지? 괜히 왔어!"

그리고 심장에 관련되는 다른 검사도 받았다. X-레이도 찍고 운동 부하 검사도 받았다. 다 좋았다. 부정맥도 없고 모든 것이 정상이었다.

"봐! 문제없지? 괜히 하자고 해서."

의기양양! 의사도 말했다.

"지금까지 다 좋습니다. 그냥 가세요."

분명히 의사도 그냥 가라고 했다. 그런데 역시 아내는 아내였다. 다시 의사에게 부탁했다.

"좀 더 자세하게 검사하면 좋겠어요. CT 촬영할 수 있어요?" 의사는 지금까지 결과로는 할 필요가 없다고 했다. 의사 말이 그 정도면 대부분이 다행이네 하고 그냥 돌아왔을 것이다. 그렇지 않겠는가?

그런데 아내는 집요하게 CT 촬영을 요청했다. 아내의 촉이 있었다. 그래서 예약날짜를 잡았고 결국 CT 촬영을 했다.

"……."

"뭐가 나왔나요?"

심장이 멎었다. 아, 뭔가 있구나! 불길한 예감.

"막혀 있네요. 뒤쪽에 보니 두 개나 막혔어요. 이걸로 보면 대략 70% 정도? 내시경으로 보면 어떨지는 모르겠네요. 당장 스텐트 시술을 해야겠습니다."

그래서 날을 잡아 시술한 것이다.

손자병법 제8 구변 편에 '무시기불공 시오유소불가공야(無恃其不攻恃吾有所不可攻也)'라는 말이 있다. 적이 공격해오지 않을 것을 믿지 말고, 내게 적이 공격하지 못할 준비태세가 있음을 믿으라는 뜻이다.

그렇다. 적이 공격해오고 안 오고는 내 의지와는 상관없다. 오고 싶으면 언제라도 올 수 있다. 적에게 달려 있다. 살아가면서 병이나 우환도 마찬가지다. 내 의지와는 상관이 없다. 언제라도 올 수 있다.

여기서 중요한 것은 내가 항상 준비하고 대비하는 것이다. 남이 대신해 주지는 않는다. 내가 해야 한다. 만약 의사 말만 들었다면? 나는 어쩌면 이 세상 사람이 아닐 수 있다. 내 아내가 나를 살린 셈이다. 아내가 만약의 사태를 미리 대비한 것이다. 대비는 아무리 지나쳐도 손해 볼 일이 없다. 아내는 정말 집요하게 의사를 독촉했고 기어이 CT 촬영을 하게 만들었다. 의사도 사람이다. 한계는 늘 있다. 내 친조카 두 명도 의

사다. 의사로서는 최선을 다할 뿐이다.

여기서 놓치지 말아야 할 것이 있다. 어떤 문제가 발생했을 때는 가지가 아니라 '근원'을 찾아야 한다는 것이다. 이른바 '업스트림(upstream)' 사고다. 업스트림은 상류, 근원이라는 의미다. 손마디가 아프면 손마디에만 집착하지 않고 혹시 심장이나 혈관 계통이 어떠한지 '근원'을 살펴보는 것이다. 서양 의학과 동양 의학의 차이라 할 수 있다. 어떤 문제가 발생했을 때 발생한 그 현상에만 집중하게 되면 근본적인 해결을 하지 못할 때가 많다. '무시기불공'은 바로 '업스트림'의 사고라 할 수 있다. 문제가 생기기 전에 그 '근원'부터 조치하는 것이다. 문제가 생겼을 때도 그 '근원'을 살펴보는 것이다. 건강의 문제나, 일상의 문제나, 사업을 하면서도 깊이 생각할 일이다.

아내 말을 잘 듣자. 아내 말 잘 들으면? 자다가도 떡 생긴다. 아내의 말은 언제나 진리다!

생활 손자병법 체크리스트

☐ 심장과 뇌혈관 정밀검사를 해봤는가?

☐ 아내 말은 토 달지 않고 잘 듣고 있는가?

☐ '무시기불공'을 내 삶에 어떻게 적용하고 싶은가?

제10화 장군 안 할 거야?

군명유소불수
君命有所不受

"어떻게 할 거야? 내 말대로 해!"

"……."

"책을 폐기해, 고집부려 좋을 게 없어!"

"……."

무슨 대화일까? 누구와 담판을 벌이는 장면이 아닌가? 한 사람은 계속 회유를 하고 있고 한 사람은 고집을 꺾지 않고 있다. 대화의 주인공이 누굴까? 눈치챘겠지만 바로 나다. 2003년도의 일이다.

그때 나는『이것이 한국전쟁이다』라는 책을 출간했다. 당시 나는 대령이었고 직책은 연대장이었다. 책은 내가 미국에 있을 때 집필했다.

6·25전쟁 당시 미국의 대통령은 트루먼이었다. 그래서 미주리주의 트루먼 대통령 기념관에 가면 6·25전쟁 관련 문서들이 많다. 특히 지하 문서고에 가면 막 비밀이 해제된 고급정보의 문서들이 많다. 나는 그곳에 자주 가서 아주 소중한 자료들을 수집하고 책을 쓰기 시작했다. 한국에서는 찾아볼 수 없는 귀한 자료들이기에 사명감으로 휴가까지 반납하고 시간을 아껴가며 책을 썼다.

미국이 북한 의주 지역을 대상으로 생물학전을 했다는 놀라운 자료도 있었다. 이승만 대통령의 암살계획도 있었다. 만주 일대에 전술핵을 투하하겠다는 계획을 담은 자료도 있었다. 심지어 영국군이 부녀자를 성폭행했다고 하는 충격적인 자료도 있었다.

지금까지 잘 알려지지 않은 아주 희귀한 자료들이다. 여름 내내 땀을 흘려가며 책을 완성했다. 그리고 한국에 귀국해서 책을 출간했다.

예상한 대로 난리가 났다. 당시 MBC 방송사의 '이제는 말할 수 있다' 팀에서 연락이 왔다. 방송으로 내보내고 싶다고 했다. 응하지 않았다. 굳이 매스컴을 타고 싶지는 않았다. 그런데 국방부에서 연락이 왔다. 국방부 장관의 명령이었다. '책을 전량 폐기하라'는 것이었다. 그리고 나를 불러들였다.

"폐기해!"

"못 합니다."

"왜 못 해?"

"우리 국민이 다 알아야 합니다."

"그래도 너무 심하지 않아?"

"아닙니다. 알 것은 분명히 알아야 합니다. 그러니 못 합니다."

"무슨 고집이야?"

"고집이 아닙니다. 전쟁이 나면 이렇게 비참하다는 것을 알아야 합니다. 그리고 전쟁이 나면 결국 자기 나라의 이익을 위해 싸우게 됩니다. 우방도 영원한 우방이 아닐 수 있습니다. 우리 땅에서 싸우는 전쟁의 피해자는 오직 우리 국민입니다. 그러니 어떤 이유에서든 전쟁이 나서는 안 됩니다. 이것을 우리 후손이 반드시 알아야 합니다."

"장군 안 할 거야?"

거의 두 달이나 이러한 설전은 계속되었다. 심지어 정치권의 주문이라는 노골적인 말도 나왔다. 여러 심리적인 압박이 있었다. 심한 모멸감도 받았다.

내 신념은 꺾을 수 없었다. 결국, 책은 살아남았다.

책 한 권이 역사에 미치는 영향은 책에 따라 엄청날 수 있다. 한 사람의 인생이 바뀔 수도 있다. 며칠 전에는 어떤 사람이 내게 문자를 보냈다. 젊은 시절에 『이것이 한국전쟁이다』를 보면서 많은 감동을 받았고 전쟁에 대해 다시 생각하게 되었다는 것이다. 어떤 사람은 절판된 이 책을 구하려고 중고서점을 뒤져서 정가의 세 배 가격에 샀다고 알려왔다. 참 고마운 일이다.

국방부 장관과 연대장의 기 싸움. 그것도 장군 진급을 눈앞에 둔 대령. 어떤 사람은 말한다. 바보 같은 행동이었다고. 맞다. 분명히 바보 같은 행동이었다. 그러나 사람마다 가치관이 다르다. 삶의 의미가 다른 것이다. 장군이 되는 것보다 더 소중한 것도 있다.

손자병법 제8 구변 편에 '군명유소불수(君命有所不受)'라는 말이 있다. 임금의 명령이라도 받아들이지 않을 수가 있다는 뜻이다.

어떻게 임금의 명령을 거부할 수 있단 말인가? 굉장히 위험한 말이 아닐 수 없다. 이런 경우에는 목숨을 내놔야 한다. 항명죄로 몰리기 때문이다. 판단을 정말 잘해야 한다. 이순신도 부산출정을 거부했다가 죽을 뻔하지 않았는가?

제10 지형 편에 이런 말이 나온다. '전도불승 주왈필전 무전가야(戰道不勝 主曰必戰 無戰可也)' 이 말은 싸움의 법칙에 비추어 볼 때 이길 수 없다고 판단되면 임금이 반드시 싸우라 해도 싸우지 않아도 된다는 뜻이다. 임금의 명령보다도 더 중요한 것은 나라의 이익이다. 궁극적인 가치다. 개인의 사사로운 이익이 아니다. 가치관에 따른 소신이 있어야 하고 상황을 정확히 판단하는 분별력이 있어야 한다.

"당신은 숨만 쉬고 있어도 장군이 돼."

당시에 사단장이 내게 개인적으로 한 말이다. 숨만 쉬어도 장군이 된다고? 얼마나 기분 좋은 말인가. 그런데 그것을 내 발로 찼단 말인가?

어언 20여 년의 세월이 흘렀다. 지금 생각해도 그 당시의 선택에 조금도 후회가 없다. 내가 선택한 것이기 때문이다. 선택에는 책임이 따른다. 그리고 그것이 내가 옳다고 믿었다. 사람은 옳다고 믿는 바에 따라 살아가는 것이다. 그게 맞는 삶이다.

"장군 안 할 거야?"

"안 할 겁니다."

생활 손자병법 체크리스트

□ 상급자의 지시에 불응한 적이 있는가?

□ 이 사례의 주인공이 된다면 어떻게 하겠는가?

□ '군명유소불수'를 내 삶에 어떻게 적용하고 싶은가?

保
보

제11화 네게 무슨 상관이냐

병형상수
兵形象水

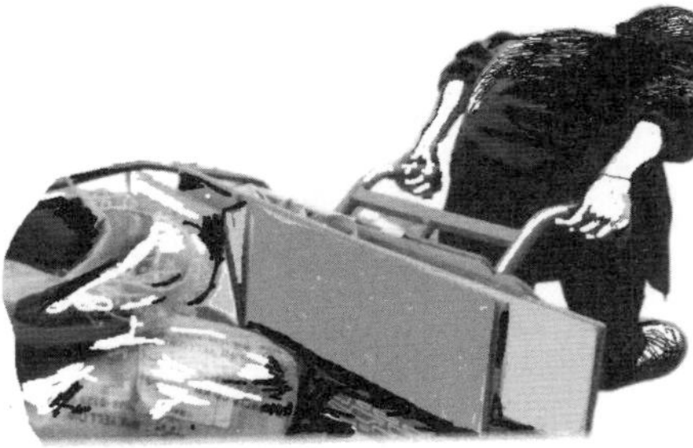

"저렇게도 사는구나! 어쩌면 저럴까?"

"세상 참 불공평하네. 요즘도 저렇게 사는 사람이 있나?"

텔레비전에 보면 가끔 민망할 정도로 구차한 삶을 사는 사람을 보게 된다. 사람으로 태어나서 어떻게 저런 삶을 살 수 있을까 생각이 든다.

폐지를 주워서 살아가는 할머니가 있다. 땅에 닿을 듯 꼬부라진 허리로 손수레를 끌며 횡단보도를 건너고 있다.

"자식은 없나? 어쩌다 저 나이에?"

내가 살고 있는 집 근처의 길 한 모퉁이에 나물을 늘어놓고 파는 할머니가 있다. 늘 뭔가를 다듬고 있다.

'온종일 팔아서 얼마를 벌 수 있을까? 끼니는 제대로 드시는지?' 볼 때마다 안쓰럽다. 한 번 사는 인생인데.

그런가 하면 금수저로 태어난 사람이 있다. 죽을 때까지 고생 한 번 안 하고 살아간다. 돈이 돈을 낳는다. 가만히 있어도 하루에 이자만 몇백만 원씩 불어난다. 써도 써도 남는 게 돈이다. 그런 집안에 태어난 아이들은 그저 어떻게 하루를 짜릿하게 즐길까를 고민한다. 이런 아이들은 공통점이 있다. 밤만 되면 소리도 요란한 차를 타고 도로를 질주한다.

"저 망할 놈들! 저것들을 왜 그냥 둬? 경찰은 뭘 하고 있나?"

밤중에 깨어 이런 말 한 번쯤은 해봤을 거다.

누구는 그렇게 착하고 바르게 살아도 몹쓸 병이 들기도 한다. 일찍 세상을 뜨기도 한다. 그런가 하면 누구는 그렇게 손가락질을 당하며 나쁘게 살아도 건강하다. 오래 살기까지 한다. 세상이 왜 이래!

실력도 있고 성실하게 근무했는데 진급을 못 한다. 실력은 없는 데 아부 잘하고 잔머리를 잘 굴려 진급도 잘한다.

"아니, 어떻게 저런 인간이 진급해?"

저절로 나오는 말.

"세상 참 불공평하다."

불공평하게 보이는 세상

어떤 눈으로 봐야 하는가? 그런데 인생은 본래부터 불공평하다. 생각해보자. 날 때부터 잘생긴 사람이 있고 그렇지 못한 사람이 있다. 머리가 똑똑한 사람이 있고 그렇지 못한 사람이 있다. 날 때부터 몸에 장애가 있는 사람도 있다. 날 때부터 흙수저가 있고 금수저가 있다. 한국에서 태어나는 사람이 있고 아프리카에서 태어나는 사람이 있다.

이렇게 모든 것이 다르다. 이미 불공평한 것이다. 그러니 이것을 생각하면 남의 인생에 간섭할 이유가 없어진다. 그 사람은 그 사람에게 주어진 인생이 있다. 나는 내게 주어진 인생이 있다. 인생은 비교의 대상이 아니다. 이것을 아는 것이 순리다.

손자병법 제6 허실 편에 '병형상수(兵形象水)'라는 말이 있다. 군대의 형태는 물을 닮는다는 뜻이다.

물은 높은 곳을 피해 낮은 곳으로 흐른다. 이것은 순리다. 낮은 곳에 있는 물이 높은 곳으로 흐르지는 못한다. 물론 억지로 하면 흐를 수는 있다. 그것은 역리다. 역리는 자연의 법칙을 거스르는 것이다. 역리는 좋지 않다.

우리의 인생도 이와 같다. 물이 흐르는 것처럼 순리를 따르는 것이 좋다. 순리는 그 자체를 받아들이는 것이다.

성경 전도서 7장 15절에 이런 말이 나온다.

"내 허무한 날을 사는 동안 내가 그 모든 일을 살펴보았더니 자기의

兵形象水

의로움에도 불구하고 멸망하는 의인이 있고 자기의 악행에도 불구하고 장수하는 악인이 있으니."

의인이 멸망하고 악인이 장수하다니? 얼마나 불공평한가! 이런 말을 어떻게 받아들여야 하는가?

성경에서 말하는 결론은 이렇다. 현재의 모습으로 전체를 판단하지 말라는 것이다. 끝을 보라는 것이다. 현재는 잠시 존재하는 현상일 뿐이다. 현재를 떠나면 영원한 또 다른 세계가 있으니 현재의 모습만 보며 판단하지 말라는 것이다. 결국에는 의인은 의인으로, 악인은 악인으로 그에 합당한 영원한 심판이 있으니 그때는 아주 공평해진다는 것이다. 잠시 있을 현재는 불공평할지라도 영원한 그곳에서는 공평하다는 뜻이다.

어차피 성경 이야기가 나왔으니 성경으로 마무리하자. 요한복음 21장 22절에 보면 이런 장면이 나온다.

예수께서 제자들 앞에서 베드로가 장차 십자가를 질 것을 예언했다. 베드로로서는 참 부담되는 말이다. 그런데 슬쩍 옆을 보니 요한이 편안한 모습으로 있다. '이게 뭐야?' 베드로는 뭔가 불공평하다는 생각이 들었다. 누구는 십자가를 지고 누구는 편안하게 있고. 그래서 예수께 따지듯 물었다.

"이 사람은 어떻게 되겠습니까?"

"네게 무슨 상관이냐? 너는 나를 따르라." 예수께서 대답하셨다.

그렇다. 요한이 어떻게 되든 그것은 요한의 인생이다. 베드로는 그냥 베드로에게 주어지는 삶을 살아가면 된다.

부자로 살든, 가난하게 살든, 오래 살든, 일찍 죽든 그것은 그 사람의 인생이다. 각자는 각자의 인생이 있다. 인생은 비교하는 게 아니다.

생활 손자병법 체크리스트

□ 지금 내 삶이 공평하다고 생각하는가?

□ 누구와 비교하며 살고 있지는 않은가?

□ '병형상수'를 내 삶에 어떻게 적용하고 싶은가?

제12화 지피지기면… 백전백승?

지피지기 백전불태
知彼知己 百戰不殆

"지피지기면, 뭐라고요?"

"지피지기면, 뭐라고요? 백전?"

"백전백승? 백전백승이라고요?"

손자병법 하면 다른 건 몰라도 '지피지기'라는 말은 알 것이다. 그런데 그다음 말이 무엇인지 아직도 헷갈리는 사람들이 많다. 이 대화는 내가 손자병법 강의를 할 때마다 하는 질문이다.

"지피지기면, 백전? 그다음 말이 뭘까요?"

"백전백승?"

아직도 많은 사람이 그렇게 대답한다. 물론 틀린 말이다. '지피지기 백전백승'이라는 말은 없다. '지피지기 백전불태'다. 한문으로 표현하면 知彼知己 百戰不殆다. 분명히 '백전백승(百戰百勝)'이 아니다.

왜 사람들이 '백전불태'를 '백전백승'이라고 잘못 알고 있는가? 아마도 텔레비전의 사극 드라마 탓일 것이다. 드라마에 보면 탤런트가 '지피지기면 백전백승이라고 했다'라고 말하는 장면이 자주 나온다. 나는 텔레비전에 가끔 출연하기 때문에 작가를 많이 알고 있다. 작가를 만날 때마다 한마디씩 해준다.

"제발 지피지기 백전백승이라고 하지 마세요. 지피지기 백전불태입니다."

그래서 그런지 요즘은 '지피지기 백전백승'이라는 말이 잘 나오지 않는다. 다행이다. 그런데 어제 모 방송국의 예능프로그램에 어떤 출연자가 '지피지기면 백전백승'이라고 말했다. 누구야? 물론 그렇게 말한다고 해서 잘못된 것은 아니다. 그러나 알 것은 똑바로 알아야 하지 않겠는가?

손자병법 제3 모공 편에 '지피지기 백전불태(知彼知己 百戰不殆)'라는 말이 있다. 적과 나를 알면 백번 싸워 위태롭지 않다는 뜻이다.

분명히 '백전백승'이 아니다. 백번 싸워 백번 이긴다는 의미가 아니다. 왜 적과 나를 안다고 해서 '백전백승'이 될 수 없을까?

여기서 '지(知)'에 대한 의미를 더욱 깊이 살펴야 한다. '지(知)', 즉 '안다'는 것이다.

과연 우리는 얼마나 알 수 있을까? 적을 안다고 하지만 적을 얼마나 '제대로' 알 수 있을까? 나를 안다고 하지만 나를 얼마나 '제대로' 알 수 있을까? 피상적으로 아는 것은 아는 것이 아니다. '제대로' 알아야 안다고 할 수 있다. '제대로' 알기란 여간 어려운 것이 아니다. 모든 것이 불확실하기 때문이다. 여기에 '지피지기'의 한계가 있다. 그러므로 '지피지기'라고 해서 백번 싸워 백번 다 이길 수는 없다.

그리고 설령 안다고 하더라도 그것은 한낱 '지식'에 불과하다. 지식을 가지고 있다고 해서 백번 싸워 백번을 다 이길 수는 없다. 이기기 위해서는 '지식'은 기본이고 더 많은 요인이 합해져야 한다. 탁월한 리더십과 전략이 필요하다. 충분한 무기와 군량이 필요하다. 잘 훈련된 군대가 필요하다. 여기에 또 운도 따라야 한다. 단지 '지식'만 있다고 해서 이기는 것은 아니다. 그래서 '지피지기 백전백승'이란 말이 없는 것이다.

그러나 적을 알고 나를 알면 적어도 위태하지는 않을 수 있다. 그래서

'백전불태'인 것이다. 알면 위태하지 않다. 모르기 때문에 위태하고 무서운 것이다.

얼마 전에 인간극장에서 재미있는 장면이 나왔다. 울릉도로 귀농한 어떤 사람이 염소를 방목하고 있는 장면이다. 바지를 무릎까지 걷고 풀숲을 다니고 있었다. 피디가 물었다.

"그렇게 다니면 무섭지 않아요? 뱀이라도 나오면요?"

"울릉도는 뱀이 없어요."

그렇다. 알면 무섭지 않다. 모르니까 무섭다. 어두운 밤길이 왜 무서운가? 어떤 일이 일어날지 모르기 때문이다. 낯선 사람이 왜 무서운가? 모르기 때문이다. 죽음이 왜 무서운가? 죽은 뒤에 어찌 될지 모르기 때문이다. 죽은 뒤에 어디로 가는지 알면 무섭지 않다. 알면 무섭지 않은 것이다. 안다는 것이 이렇게 중요하다.

그리고 아는 것만큼 보인다. 모르면 안 보인다. 다음에 몇 개 나라의 언어를 적어보겠다.

vulgaireanalfabeto

vô học

невежественный

혹시 무슨 뜻인지 알겠는가? 머리에 쥐나게 해서 죄송하다. 그런데 모르는 게 정상이다. 어떻게 이런 말을 다 알 수 있겠는가. 그냥 답을 말하겠다. '무식한'이란 뜻이다.

'무식하다.'

이건 금방 알아볼 수 있다. 왜? 한글은 알기 때문이다.

알면 보이고 모르면 안 보인다.

우리가 왜 공부를 하는가? 알기 위해서다. 과학자들은 뇌를 알기 위해 많은 노력을 하고 있다. 뇌만큼 복잡하고 신비한 존재는 아마도 없을 것이다. 불과 1.4kg 정도에 불과하지만 약 860억 개의 신경세포로 이루어져 있다. 지금 뇌의 구조를 파악해서 뇌지도를 만드는 놀라운 연구를 하고 있다. 뇌지도가 완성되면 뇌도 마치 물건처럼 만들 수 있다는 것이다. 뇌지도를 연구하고 있는 미국 프린스턴 대학교의 세바스찬 승 교수는 이런 말을 했다. "처음에는 어리고 순진해 모든 질문에 답을 쉽게 찾을 수 있을 것이라고 생각했다. 이제는 몇 세대가 지나야 끝나는 프로젝트일지 모르겠다." 그렇다. 무식하면 용감하다. 알면 알수록 겸손해진다. 우리가 알면 얼마나 알까? 제대로 아는 것이 얼마나 있을까? 모른다는 것을 아는 것이 공부의 시작이다. 지피지기면?

생활 손자병법 체크리스트

□ 내 가족의 생일을 적어보자. 정확한가?

□ 지식을 쌓기 위해 얼마나 시간과 돈을 투자하고 있는가? 구체적으로 지금 하는 것을 적어보자.

□ '지피지기'를 내 삶에 어떻게 적용하고 싶은가?

제13화 드러내야 사는 사람

형인이아무형
形人而我無形

“우와 ○○○이야. 얼굴이 주먹만 하네.”

“이쁘네! 실물이 더 낫네.”

“자랑해야지! 사진 찍어 줘!”

길거리에서 연예인을 본 적이 있는가? 어쩌다가 마주치는 경우가 있을 것이다. 실제로 연예인을 보니 어떤가? 일반인과 뭔가 다르다는 느낌이 드는가? 일단 옷부터 다르다. 뭔가 세련되어 있다. 그리고 화장도 다르다. 전체적인 분위기가 연예인답다는 생각이 든다. 연예인은 어떤 사람들인가? 한마디로 ‘드러내는’ 사람들이다. 텔레비전을 통해 ‘드러내야’ 하고 영화를 통해 ‘드러내야’ 한다. 드러내야 사는 사람이다. 드러내지 못하면 연예인으로서의 생명은 끝이다. 사람들에게 부지런히 '드러내는' 직업이 바로 연예인이다. 소속사는 연예인을 드러내는 일에 집중한다. 그것도 좋은 이미지로 드러나도록 애쓴다.

소속사가 연예인을 드러내듯 다른 사람을 좋은 이미지로 드러내 주는 일은 쉽지 않다. 지금부터 두 사람을 살펴보자. 아예 실명을 밝힌다.

세계 가나안 운동본부 이현희 총재는 다른 사람을 드러내 주는 일에 명수라 할 수 있다. 사람을 만나면 칭찬부터 한다. 그 사람이 지닌 장점을 정확히 찾아내 치켜세워준다. 사람들에게 좋은 이미지로 드러낸다. 나와 전화를 통할 때면 언제나 나를 칭찬하는 말부터 시작한다. 그리고 자신은 뒤로 숨는다.

대구에서 오랫동안 대학교에 근무했던 진차훈 박사가 있다. 항상 긍정적이고 사람의 좋은 면만 본다. 행여 누구를 다른 사람이 비난하면 그 사람의 장점을 이야기하며 그렇지 않다는 것을 대변하곤 한다. 사람을 좋은 이미지로 드러내기의 명수다.

지금 두 사람의 공통점이 무엇인가? 다른 사람을 잘 드러내는 사람이라는 것이다. 칭찬을 아끼지 않는 사람이라는 것이다. 칭찬은 남을 드러내 치켜세우는 일이다. 칭찬은 사람을 일으키는 힘이 있다. 마크 트웨인은 '나는 칭찬 한마디면 두 달을 살 수 있다'고 했다. 칭찬을 싫어하는 사람은 아무도 없다. 나이와 관계없다. 오히려 나이 들수록 더 좋아한다.

세상을 잘 살아가려면 무엇보다 인간관계를 잘해야 한다. 인간관계는 남을 배려하는 데서 출발한다. 희대의 바람둥이 카사노바가 있다. 그는 많은 여자를 자기가 원하는 대로 만들었다. 그는 그 비결을 이렇게 말했다.

"내가 남들과 다른 한 가지가 있다면 그것은 상대가 무엇을 원하는지 알기 위하여 내 전부를 걸었다는 점이다."

어떤가? 뭔가 느껴지지 않는가? '상대가 무엇을 원하는지' 알기 위해 모든 것을 걸었다는 말이 참 인상적이다. 하녀는 귀부인처럼 대접받기를 원했고, 귀부인은 뭔가 탈출구가 필요했다. 카사노바는 바로 그들의 이런 욕구를 충족시킨 것이다. 나름대로 배울 점이 보인다. 칭찬을 원하면 칭찬해주면 된다. 드러내 주기를 원하면 드러내 주면 된다. 인간관계는 그렇게 해서 단단해지는 것이다.

손자병법 제6 허실 편에 '형인이아무형(形人而我無形)'이라는 말이 있다. 적은 드러내고 나는 드러나지 않게 하라는 뜻이다. 전쟁에서 이기기 위해서는 적은 드러내야 한다. 적의 형태, 적의 움직임, 적의 생각을 드러내면 내가 싸우기 쉽다. 반대로 나의 것은 감춰야 한다. 이것이 본래의 의미다.

이것을 의역해서 우리의 삶에 적용해보자. 우리는 얼마나 남을 드러

내는가? 그것도 좋은 이미지로.

드러냄은 네 가지 유형으로 나눌 수 있다.

A 유형: 다른 사람을 감추고, 나는 드러낸다.

B 유형: 다른 사람을 드러내고, 나도 드러낸다.

C 유형: 다른 사람을 드러내고, 나는 감춘다.

D 유형: 다른 사람을 드러내지 않고, 나도 감춘다.

이해를 돕기 위해 조금 더 설명해보겠다.

A 유형은 동료가 잘되는 꼴을 못 본다. 그가 드러나는 것을 어떻게 해서라도 감춘다. 그러나 자신은 드러낸다. B 유형은 동료가 드러나도록 돕는다. 그리고 자기 자신도 드러낸다. 적절히 자기 PR을 한다.

C 유형은 동료가 드러나도록 돕는다. 그러나 정작 자신은 뒤에 숨는다. 그저 묵묵히 다른 사람이 잘 되는 것만을 바란다. D 유형은 모든 것에 관심이 없다. 산에 들어가 혼자 사는 자연인과 같다.

C 유형의 사람이 바로 '형인이아무형(形人而我無形)'의 사람이다. 다른 사람을 드러내고, 자신은 감춘다.

성숙한 인격을 갖춘 사람이다. 이런 인격은 하루아침에 되지 않는다. 오랜 수양의 과정이 있어야 한다. 어느 정도 삶의 연륜도 필요하다. 이런 사람은 인생을 해석하는 눈이 다르다. 삶에 노련함이 있고 여유가 있다.

카사노바의 예를 보아 알 수 있듯이, 사람은 누구나 자신이 중요한 존재로 여겨지길 바란다. 슈퍼마켓 계산원도 자기에게 반말하는 고객을 싫어한다. 이는 누구에게나 마찬가지다. 사람은 빈부와 지위고하를 막론하고 자신이 중요한 사람이라는 것을 알아주길 바란다. 나이가 많다고 젊은 사람에게 습관적으로 반말하는 사람도 많다. 고쳐야 할 것이다. 좋은 인간관계를 유지하는 방법은 어쩌면 아주 단순하다. 상대방을 중요한 사람으로 느끼게 만들어주면 된다. 인정해주고, 존중해주고, 칭찬해주고, 드러내 주는 것이다.

카사노바의 비결과 살짝 맞닿아 있는 유명한 황금률을 보자.

"그러므로 무엇이든지 남에게 대접을 받고자 하는 대로 너희도 남을 대접하라.(마태복음 7:12)"

생활 손자병법 체크리스트

□ 나는 어느 유형에 속한다고 생각하는가?

□ 내 주변에 나를 드러내 주는 사람이 있는가? 있다면 그 이름을 쓸 수 있는가?

□ '형인이아무형'을 내 삶에 어떻게 적용하고 싶은가?

제14화 마음대로 되지 않는 것이 인생

필잡어리해
必雜於利害

"꼭 목사가 되어야 해!"

"어떻게 해서라도 되어야 해!"

"정말 목사가 되고 싶어."

기독교도라면 대부분 알 수 있는 사람이 있다. 교도소에 근무하면서 수많은 사형수를 담당했던 박효진이라는 사람이다. 그는 많은 곳을 다니며 사형수에 관한 이야기를 하고 있다. 그의 교회 직분은 장로다. 그는 목사가 되고 싶어 했다. 그것도 아주 간절하게 원했다. 그래서 바쁜 직장생활이지만 시간을 쪼개서 신학 공부도 했다. 멀리 차를 운전하며 갈 때는 마치 목사가 된 듯이 설교를 하며 다니기도 했다. 그만큼 간절

했다. 목사가 될 여러 기회가 있었다. 그런데 묘하게도 그때마다 무슨 일이 생겨서 되지 못했다. 참 알 수가 없다고 한다. 지금은 목사가 되는 것을 포기했다고 한다.

성경 잠언 16장 9절에 보면 "사람이 마음으로 자기의 길을 계획할지라도 그의 걸음을 인도하시는 이는 여호와시니라"는 말이 있다. 박효진 장로의 경우가 바로 이런 경우다. 아무리 간절히 원해도 원대로 되지 않을 수 있는 것이다.

내게는 두 아들이 있다. 내가 미국에 있는 동안 미국에서 공부했다. 그것도 거의 20년을 공부했다. 빠듯한 군인봉급으로 학비와 생활비를 대느라 정말 힘들었다. 그러나 어쩔 수 없었다. 마음 한편에는 적어도 두 아들 중 하나는 돈을 많이 버는 사람이 되기를 기대했다. 실제로 큰아들은 돈을 많이 버는 직업을 가지려고 심리학을 전공했다. 내심 우리 부부는 좋아했다. 언젠가 이 무거운 빚을 해결할 희망이 보였기 때문이다. 그런데 어찌 알 수 있으랴! 어느 날 큰아들이 와서 말했다.

"저, 신학 공부하겠습니다."

"뭐라고? 신학?"

청천벽력같은 선포였다. 신학이라니! 그렇다면 목사가 되겠다는 말이 아닌가? 돈도 못 버는 목사?

결국, 큰아들은 미국 시카고에 있는 신학대학으로 전학했다. 그리고 목사가 되었다. 내 아들이 목사가 되리라고는 꿈에도 생각하지 못했다.

그렇게 목사가 되고 싶어 했던 박효진 장로는 되지 못했고, 생각지도 않았던 큰아들은 목사가 되었다. 어찌 인생을 알 수 있으랴! 마음대로 되지 않는 것이 인생이다. 사람마다 가는 길이 따로 있는 것이다.

나도 본래는 기독교도가 아니었다. 어릴 때는 불교와 관련이 있었다. 중학교는 천주교 계열 학교에 다녔다. 그러다가 고등학교를 기독교 계통 학교로 가게 되었다. 불교, 천주교, 기독교를 거친 것이다. 내가 원해서도 아니다. 내가 기독교로 가니까 내 형과 동생도 기독교로 가게 되었다. 그리고 지금은 그들도 모두 목사가 되었다. 그 와중에 내 아들까지 목사가 되었다. 어찌 사람의 일을 알 수 있겠는가?

손자병법 제8 구변 편에 '필잡어리해(必雜於利害)'라는 말이 있다. 반드시 이와 해는 섞여 있다는 뜻이다. 지혜로운 사람은 어떤 것을 보더라도 그 안에 이로움과 해로움을 동시에 본다는 것이다.

박효진 장로는 나중에 이런 말을 했다. 그렇게 원했던 목사가 되었다면 좋았겠지만 다른 한편으로는 목사가 됐으면 좋지 않을 수도 있었겠다고. 만약 목사가 되었다면 어디까지나 늦깎이 목사인 탓에 서열을 따지는 목사 세계에서 꼴찌일 수밖에 없기 때문이란다.

또한, 목사가 되더라도 수많은 목사 중 한 명에 불과할 뿐이기 때문이란다. 그렇게 되면 'only one'이 아니라 'one of them', 여러 사람 중 한 명에 불과하다.

必雜於利害

그것을 깨닫는 순간 목사가 되지 않은 것에 오히려 감사하게 되었다고 했다. 그러면서 늘 마음 한편에 남아있던 목사의 미련이 한순간에 날아가 버렸다고 한다. 그제야 이로움과 해로움을 동시에 보는 눈이 열린 것이다.

나도 장군이 되고 싶었다. 육군사관학교를 나온 사람 중에 장군 되기를 싫어하는 사람이 있을까? 그러나 내가 원한다고 되는가. 실력이 있다고 해서 되는 것도 아니다. 여러 복합적인 상황이 작용한다. 인간관계도 얽혀있다. 운도 따라야 한다. 이른바 관운이다.

여기서 중요한 것이 있다. 분명히 장군이 되지 못한 것은 내게 해로움이다. 그런데 내가 장군이 되지 못했기 때문에 얻을 수 있었던 이로움도 있다. 다른 동기생보다 일찍 사회에 나와서 여러 중요한 일을 할 수 있었다. 대학교의 정식 교수가 되었고 부총장도 되었다. 많은 나라를 다니며 강의도 했다. 더욱 감사한 것은 중국에서 초청받아 강의 중에 둘째 아들의 예비 장인 부부를 만난 것이다. 결혼을 시켰고 예쁜 손녀를 보았다. 손녀를 보고 있으면 장군이 아니라 지구 전체를 다 준다 해도 바꾸지 않을 것이다.

만약 장군이 되었더라면 분명히 이런 일들은 없었을 것이다. 장군이 되지 못했기에 얻을 수 있었던 이로움이다. 이렇게 모든 일에는 해로움과 이로움이 동시에 존재한다. 지혜로운 사람은 이것을 깊이 헤아린다.

인생은 알 수 없다. 새옹지마다. 지금의 이로움이 나중에 해로움이 될 수도 있다. 지금의 해로움이 나중에 이로움이 될 수도 있다.

내가 인생을 살면서 깊이 깨달은 것이 있다. 내 뜻대로 되지 않을 때는 '받아들이는 법'을 배우는 것이다. 사람들은 흔히 '피할 수 없으면 즐기라'는 말을 잘한다. 그런데 그게 말이 그렇지, 쉽지 않다. 막상 당하면 즐길 수 없는 일이 더 많다. 그럴 때는 그냥 '받아들이는 것'이다. 그러면 훨씬 편해진다. 꼭 한번 그렇게 해보라.

마음대로 되지 않는 것이 인생이다. 어쩌면 내 마음대로 되지 않는 것이 축복일 수 있다. 왜냐하면 그것이 나중에 보면 오히려 좋은 결과로 돌아올 수 있으니까 말이다. 어찌 인생을 알겠는가! 그래서 어려운 일을 만나거나 원치 않는 일을 만나면 실망하거나 걱정하지 말고 이렇게 말해보자.

"이 또한 좋은 일이 있을 거야!"

생활 손자병법 체크리스트

□ 지금 나의 모습은 언젠가 꼭 되고 싶었던 모습인가? 내가 간절히 원했던 그 모습인가?

□ 지금의 내 모습을 보면서 좋은 것과 나쁜 것이 무엇인가?

□ '필잡어리해'를 내 삶에 어떻게 적용하고 싶은가?

제15화 성공법칙은 쓰레기통에

전승불복
戰勝不復

"법칙 하나, 목표를 정해라!"

"법칙 둘, 구체적인 계획을 세워라!"

"법칙 셋, 행동하라!"

어떤 말 같은가? 그렇다. 성공법칙이다. 이렇게만 하면 성공한다고 한다고 한다. 과연 그런가?

성공법칙에 관한 책이나 강의가 참 많다. 성공하기 싫은 사람은 없기 때문이다. 『성공을 위한 101가지 법칙』이라는 책도 있다. 어떻게 101가지를? 책에서 말하는 대로 따라 하면 성공한단 말인가? 과연 그러한가?

결론부터 말하면, 법칙은 그냥 법칙일 뿐이다. 절대로 맹신은 금물이다. 단지 참고는 할 필요가 있다.

자기계발서는 어떤가? 그렇게만 하면 충분히 자기계발이 될 것처럼 말한다. 과연 그러했던가? 그래서 혹자는 자기계발서의 무용론을 외치기도 한다. '다 쓸데없어. 쓰레기통에 던져버려!'

손자병법 제6 허실 편에 '전승불복(戰勝不復)'이라는 말이 있다. 전쟁에서 승리한 방법은 두 번 반복되지 않는다는 뜻이다. 참 중요한 말이다. 과거에 승리했던 방법, 성공했던 법칙은 두 번 다시 반복되지 않는다.

그리고 이어지는 어구가 있다. '응형무궁(應形無窮)'이다. 형을 바꾸되 무궁하도록 바꿔야 한다는 것이다. 지금 바꿨다고 멈추거나 만족하지 말고 바꾸고, 바꾸고, 끝없이 바꾸라는 말이다. 누구 말처럼 마누라만 빼고 다 바꾸라는 뜻이다.

디지털 혁명을 주도하며 세계적으로 성장하고 있는 시더스그룹의 이상은 회장을 강남역 본사에서 만났다. 그가 이런 말을 했다.

"기존의 판을 완전히 엎어 버려야 합니다."

전승불복을 제대로 깨친 거다. 그가 공격적으로 진행하고 있는 플랫폼 사업은 바로 이러한 정신으로 새로운 시대를 활짝 열 것 같다.

왜 과거의 승리한 방법, 성공한 법칙이 오늘날 반복되지 않을까? 이유는 분명하다. 모든 것이 다 바뀌기 때문이다. 성공했을 당시와 지금은 사람이 바뀌었다. 주변 환경도 바뀌었다. 사람들의 가치관도 바뀌었다. 과학기술의 수준도 바뀌었다. 모든 것이 바뀌었다. 그 당시와 똑같은 것이 하나도 없다. 그러니 과거의 성공법칙이 오늘날에 그대로 반복되지 않는 것은 당연하다.

성공법칙에서 빼놓지 않는 것이 하나 있다. 포기하지 말라는 것이다. 물론 좋은 말이다. 포기하면 안 된다. 그런데, 과연 그럴까?

사법시험이 폐지되기 전 일이다. 내가 살던 동네에 한 청년이 있었다. 내가 중학교 때부터 봐 왔던 청년인데 아주 성실했다. 문구점을 하는 박 씨 아들이다. 집안에서는 그 청년이 희망이다. 왜냐하면, 사법고시를 준비하고 있기 때문이다. 넉넉지 않은 가정형편에 그 청년을 뒷받침하느라 부모의 허리가 휜다. 그런데 기대와는 달리 좀처럼 합격하지 못한다. 그 세월이 십 년이다. 그사이에 군대도 다녀 왔다. 어느덧 40대의 나이에 접어들었는데도 그는 포기하지 않았다. 내가 이사하면서 그 후 일은 알지 못한다.

안 될 것 같으면 빨리 포기해야 한다. 자꾸 미련 갖지 말고 포기하는 게 그 자신에게도 좋고 집안을 봐서도 좋다.

사업을 할 때도 마찬가지다. 어느 정도 진행하다가 이게 아니다 싶으면 과감하게 멈출 수 있어야 한다. 멈추는 그 순간만큼 손해 보지 않는다. 포기하는 것도 용기가 필요하다.

반면에 포기하지 말아야 할 것도 있다.

내가 2002년도에 최전방 연대장을 할 때다. 마침 태풍 루사가 와서 강원도 일대가 난리가 났다. 연대는 전방에서 떠내려오는 지뢰를 제거하는 작업에 들어갔다. 중대별로 구역을 나누어 작업했다. 그런데 7중대장 ○○○ 대위가 M14 대인지뢰를 조치하다가 그만 배 위에서 터져버렸다. 발목지뢰라고 불리는 이 지뢰는 과다출혈로 죽는 무서운 지뢰다. 내가 헬리콥터를 타고 급히 현장에 갔다. ○○○ 대위는 피투성이가 된 채 엎어져 있었다. 강릉에 있는 군인병원으로 갔다. 그때 병원장을 비롯한 열 명의 군의관들이 이미 늦었다고 했다. 죽었다고 선언한 것이다. 보통의 경우 이 정도면 그냥 포기한다. 그런데 나는 포기할 수 없었다. 다시 ○○○ 대위를 급히 강릉아산병원으로 옮겼다. 숨 막히는 순간이 지나며 기적이 일어났다. 살아난 것이다! 한쪽 눈알이 빠지고, 두 손목이 절단되고, 배의 창자가 없어졌지만 살아난 것이다. 만약에 내가 포기했었더라면 그 소중한 생명은 사라졌을 것이다. 하늘이 도왔다. 이렇게 끝까지 포기하지 말아야 할 것도 있다.

'전승불복'의 또 다른 의미를 생각해보자. 성공과 실패는 고정됨이 없다는 말이다. 성공과 실패는 돌고 돈다는 것이다. 한번 성공했다고 해서 그 성공이 영원하지 않다는 것이다. 그러니 성공했다고 해서 절대로 자만해서는 안 된다. 그리고 한번 실패했다고 해서 그 실패가 영원하지 않다는 것이다. 실패했다고 절대로 좌절해서는 안 된다. 우리는 성공과 실패에 대한 태도를 잘 취해야 한다. 늘 겸손한 자세로 우리가 할 수 있는 최선을 다해야 하는 것이다. 포기해야 할 것은 미련을 두지 말고 과감하게 포기하고, 붙들고 있어야 할 것은 아무리 어려워도 붙들고 있어야 한다. 무엇보다 이것을 분별하는 분별력이 있어야 한다. 그래서 그러한 분별력을 달라고 날마다 기도해야 하는 것이다. '전승불복'은 우리에게 많은 가르침을 준다. 맹목적인 성공법칙을 왜 쓰레기통에 던져야 하는지 이해되는가? '세상은 어떤 것이라도 변한다'는 것만이 변하지 않는 진실이다. '성공이나 실패는 영원하지 않다'는 것만이 변하지 않는 진실이다. '전승불복'의 깊은 의미를 잘 새기면 좋겠다.

생활 손자병법 체크리스트

□ 내가 따르고 있는 성공법칙이 있는가?

□ 지금 포기해야 할 것이 있는가?

□ '전승불복'을 내 삶에 어떻게 적용하고 싶은가?

제16화 신천지 OUT!

금상거의
禁祥去疑

“아이고, 어떡해? 어쩌면 좋아!”

“빨리 나와! 엄마 죽는 꼴 보고 싶어?”

이게 무슨 말일까? 어디서 많이 들어본 듯한데. 그렇다. 이상한 종교에 빠진 딸에게 하는 말이다. 이제는 집에 들어오지도 않는다. 전에는 일주일에 한 번 정도는 집에 들어왔었다. 어디서 잠을 자는지도 모르겠다. 속 타는 마음으로 찾아다녔다. 아버지는 아예 직장도 그만뒀다. 늦게 얻은 딸 하나만 바라보고 살았던 부부다. 그런데 딸이 그만 엉뚱한 곳에 빠져버린 것이다.

자라면서 한 번도 속 썩인 적이 없었던 딸이었다. 노래도 잘 불렀다. 가수가 된다고 했다. 그런데 어느 날 행동이 이상해졌다. 말수도 줄었다. 늘 재잘거리던 딸이었다. 한 번도 안 하던 외박을 하기 시작했다. 처음에는 남자친구가 생겼나 했다. 그런데 시간이 지나면서 그게 아닌 것이 느껴졌다. 뭔가 이상했다. 모처럼 대화가 이루어졌다.

"너 요즘 어디를 그렇게 다니니?"

"……"

"말 좀 해봐. 왜 말을 안 해?"

지금 이런 딸과 같은 사람들이 한두 명이겠는가. 부모들은 이런 자식들을 도무지 이해하지 못한다. 어떻게 내 자식이 그럴 수가 있는지? 그렇게 착하고 공부도 잘했던 자식이었는데, 어떡하다가 이렇게 된 것인지?

기존의 종교에 염증을 느낀 사람들이 많다. 그래서 뭔가 새로운 것을 찾아다닌다. 누가 와서 말한다.

"같이 성경 공부하실래요?" 이게 낚시다. 미끼다.

몇 가지 말을 꺼낸다. 그 해석이 아주 교묘하다. 처음 듣는 이야기다. '그래! 바로 이거야. 내가 찾던 거야!' 가려운 부분을 아주 시원하게 긁어준다. 그동안 뭔가 채워지지 않았던 갈증이 한꺼번에 해결된 듯하다. 답을 찾았다. 그래서 그 사람을 따라간다. 한 번 가고 두 번 간다. 그리고는 끝까지 가버린다. 돌이키기에는 너무 멀리 가버린다. 부모가 와서 아무리 애걸해도 소용없다. 오히려 다른 사람이 잘못 가고 있다고 생각한다. 철저히 세뇌되었다. 요지부동이다. 깊은 늪에 빠진 것이다.

손자병법 제11 구지 편에 '금상거의(禁祥去疑)'라는 말이 나온다. 미신을 금하고 의심되는 것을 제거하라는 뜻이다.

참 놀라운 말이 아닐 수 없다. 2,500년 전에 손자가 이 말을 했다. 춘추 말기 당시에는 미신과 점술이 횡행했었다. 그런 행위가 민간에서 아주 자연스러웠다. 전쟁을 결심할 때도 거북점을 쳤고 무당들에게 물어봤다. 그런 세태에 손자가 일침을 놓은 것이다. 절대로 그런 것들에 의존해서는 안 된다는 것이다. 이성적인 판단을 하고 철저히 계산해서 행동을 결정하라는 것이다. 그 시대에 이런 말을 했다는 것은 가히 혁신적인 발상이다.

벌써 10여 년 전의 일이다. 누가 내게 전화를 했다. 한번 만나고 싶다고. 그래서 서울역 인근 카페에서 만났다. 이런저런 이야기를 하다가 마침내 자신의 정체를 드러냈다. 자기가 J○○교의 이인자였다는 것이다. J○○교? 기독교계에서는 다 아는 이단 단체였다. 알고 보니 나를 만난 그 사람은 육군사관학교 후배였다. 기독교를 잘 믿고 있다가 어느 날 포섭당했다. 기독교의 교리의 허전한 부분을 교묘하게 파고들면서 자신을 설득할 때 이거다 싶었다는 것이다.

그래서 초급장교 시절부터 그 교파에 미쳐서 주변의 여러 장교를 포섭해왔다고 했다. 놀라운 것은 나도 그 주요대상이었다는 사실이다.

그러던 어느 날 그 교파의 교주가 법정에 서게 되었다. 사이비 교주

대부분이 그러하듯이 성폭력 관련 범죄였다. 법정에 따라갔던 그는 그 교주의 행동에 크게 실망을 했다. 교주는 아주 비굴하게 자신을 변명했다. 그것을 보며 '이건 아닌데!' 하고 탈퇴했다고 한다. 그때 이미 그는 이인자가 되어 있었다.

그는 지금 그 교파에 있는 사람들을 빼내는 일을 하고 있다. 마지막으로 이런 말을 했다.

"한 번 빠지면 정말 나오기 어렵습니다. 보통 사람들은 이해를 못 합니다. 그러니 처음부터 절대로 발을 딛지 말아야 합니다."

이단을 구별하는 방법은 세 가지만 알아도 가능하다.

'돈을 강요한다. 성적인 요구를 한다. 그리고 가족을 멀리하게 한다.' 이 세 가지에 해당하면 무조건 이단이다.

'신천지?'

코로나 19로 인해 신천지가 세상에 드러났다. 사람들은 놀라움을 금치 못했다. 저마다 혀를 찼다. 교회마다 '신천지 OUT!'의 포스터가 입구에 붙어 있다.

사이비 교주는 두 가지 유형이 있다고 한다. 첫째는, 그 자신을 진짜로 하나님으로 믿는 인간이다. 정신병자에 가까운 이런 인간은 사실상 대책이 없다. 법정에서도 당당하다. 둘째는, 그 자신은 진짜가 아니라 가짜라는 것을 잘 아는 인간이다. 법정에 서면 자기는 그저 인간일 뿐이라고 슬쩍 발뺌하고 몸을 사린다. 말 그대로 사기꾼이다. 앞에서 언급한 후배가 빠졌던 종교의 교주가 그러했고 신천지의 교주가 바로 그런 유형이다. 이들 사이비 종교에서는 인터넷 검색을 엄격하게 금지한다. 한 시간만 검색해보면 다 들통이 나기 때문이다. 실제로 신천지에서 오랫동안 몸담았던 사람의 말에 의하면 탈퇴자의 90%가 인터넷 검색을 통해 발생한다는 것이다. 조금이라도 의심되면 바로 인터넷을 검색해보기 바란다. 문제는 이른바 똑똑한 사람이 이런 사이비 종교에 빠진다는 것이다. 미혹의 영에 씌었기 때문이다. 공산주의자들이 하듯이 철저하게 세뇌가 되면 빠져나오기 정말 어렵다. 진짜라고 철저히 믿기 때문이다. 그러니 처음부터 2,500년 전에 손자가 말했듯이 '금상거의' 즉 미신을 금하고 의심되는 것을 제거해야 한다. 잘못된 신앙은 자신은 물론 가족까지 모조리 망하게 한다. 기독교뿐만 아니라 모든 종교가 마찬가지다.

생활 손자병법 체크리스트

□ 믿고 있는 종교가 있는가? 혹시 이단은 아닌가?

□ 점을 치거나 무당을 찾아가지는 않는가? 이것을 어떻게 생각하는가?

□ '금상거의'를 내 삶에 어떻게 적용하고 싶은가?

제17화 잘 죽는 것도 실력이다

사자불가이복생
死者不可以復生

“참 대단하신 분이네!”
“깔끔해! 멋지게 사셨어!”
“갈 때는 이렇게 가야지.”

금방 눈치챘을 것이다. 장례식장에서 나오는 말이다. 그런데 주인공이 누군지 몰라도 칭찬 일색이다. 마지막을 아주 잘 준비한 것 같다. 그런데 옆에서 누가 한마디 던졌다.

“잘 죽는 것도 실력이야!”

우리는 오랫동안 웰빙을 이야기했다. 잘 사는 것을 말한다. 당연히 중요하다. 잘 살아야 한다. 그런데 그에 못지않게 중요한 것이 있다. 잘 죽는 것이다. 웰다잉이다. 웰다잉도 이미 오래전부터 이야기해왔었다. 그런데 대체로 웰빙은 잘하는데 웰다잉은 소홀하다. 죽는다는 말 자체가 왠지 불편하고 거북스럽기 때문일까?

내가 죽다니? 내가 죽어? 벌써? 아니야. 아직 멀었어. 나는 아니지. 그럼 나는 아직 아니야.

그런데 잘 알다시피 오는 것은 순서가 있어도 가는 것은 순서가 없다. 언제 어떤 일을 당할지 정말 아무도 모른다. 주변의 잘 아는 사람을 생각해보자. 축구선수 출신 유상철이 저렇게 허망하게 갈 줄은 누가 생각이나 했겠는가. 또 잘 알려진 방랑 식객 임지호가 그렇게 갑자기 갈 줄은 누가 상상이나 했겠는가? 유상철은 췌장암이 있었지만, 임지호는 아주 건강했다고 한다. 사람 일 모른다. 정말 모른다. 다른 것은 몰라도 죽음은 그 누구도 모르는 것이다. 나이와는 전혀 상관이 없다. 그래서 준비를 해야 한다. 잘 준비를 하면 언제 가더라도 당황하지 않는다. 그래야 자기 자신은 물론이고 남은 가족에게도 좋다.

내가 아는 어떤 사람의 이야기다. 그는 매사에 준비성이 철저했다. 어디를 가더라도 그 전날부터 가져가야 할 물건을 미리 챙겨 머리맡에 두기도 하고 신발 위에 얹어놓기도 한다. 잊어버리지 않기 위해서다.

어느 날부터인가 뭔가를 정리하기 시작했다. 집에 있는 물건 중에 필요 없는 것을 하나씩 버렸다. 어떤 것은 중고시장에 팔기도 했다. 새것이지만 잘 안 입는 옷가지는 꽁꽁 묶어 위탁기관에 기부도 했다. 그리고 통장을 정리했다. 많지 않은 재산이지만 자식들의 몫을 나눴다.

어느 날 세 자녀를 불렀다. 병원에 입원한다고 말했다. 자식들은 깜짝 놀랐다. 사실은 그동안 혼자 병원에 다니면서 자신의 병을 관리해온 것이다. 더는 희망이 없는 병이었다. 그리고 자식들에게 유언처럼 말했다.

"나는 곧 엄마 있는 곳으로 간다. 병원비는 내가 다 준비해 두었으니 걱정하지 마라. 너희들 몫은 여기 있다. 연명치료는 하지 마라. 내가 너희들에게 바라는 것은 딱 하나다. 사이 좋게 잘 지내라. 그리고 내가 멀리 가기 전에 가능하면 자주 내 얼굴을 보러 오면 좋겠다."

그리고 늘 다니던 병원에 입원했다. 대략 석 달을 살았을까? 아주 편안한 모습으로 떠났다. 마지막 때를 알았던지 떠나기 일주일 전에 자식들 한 명 한 명에게 따뜻한 위로와 감사를 담은 영상편지를 만들었다.

"첫째야. 네가 세상에 태어났을 때 아빠는 정말이지 세상을 다 얻은 것 같았어. 아빠가 힘들 때는 네 웃음소리를 들으며 힘을 냈어. 너는 유난히 웃는 모습이 예뻤어. 사내가 말이야. 고마워. 내 분신 같은 아들아."

어떻게 웰다잉 할 것인가를 보여준 교과서 같은 이야기다.

잘 사는 것만큼 잘 죽는 것도 중요하다. 잘 죽는 것을 준비하는 과정에서 의외로 소중한 것을 발견하기도 한다. 보다 사랑해야 할 대상을 알게 된다. 가치관도 바뀔 수 있다. 예전에 그렇게 귀하게 여겨졌던 것이 이제는 아무것도 아닌 것이 될 수도 있다.

손자병법 제12 용간 편에 '사자불가이복생(死者不可以復生)'이라는 말이 있다. 죽은 사람은 다시 살아날 수 없다는 뜻이다.

죽은 사람은 다시 살아날 수 없다. 죽으면 끝이다. 세상에 가장 공평한 것이 있다면 모두가 죽는다는 것이다. 그리고 죽을 때는 모두 빈손으로 간다는 것이다. 수의에는 주머니가 없다. 아무리 돈이 많은 사람일지라도, 아무리 권력이 대단했던 사람일지라도 그냥 빈손으로 가는 것이다. 얼마나 공평한가?

'죽음'이라는 말을 하면 왠지 기분이 나쁘고 피하고 싶어지는 것은 인지상정이다. 그런데 확실한 것은 죽음은 살아 있을 때 준비해야 한다는 것이다. '죽음의 전도사'라고 불리는 사람이 있다. 용인의 샘물호스피스 병원을 운영하는 원주희 목사다. 30여 년간 무려 만 명 이상의 임종을 지킨 사람이다. 그는 이렇게 말했다. "죽음을 준비한다고 해서 삶을 포기하는 것은 아니에요. 남은 삶을 더 의미 있게 살고, 아름다운 흔적을 남겨야죠."

사람이 죽을 때는 대체로 두 가지를 두려워한다. 첫째는, 죽는 바로 그 순간이다. 대략 48시간 전에 죽음의 징조가 보이는데, 죽기 직전에는 숨이 차며, 땀이 나고, 입술이 말려들면서 마지막 순간을 맞이하는 것이다. 바로 이때 두려워한다. 둘째는, 죽은 후에 어디로 갈 것인가를 생각할 때 사후세계에 대한 두려움에 떤다.

죽음에 대해 생각이 정리되어 있지 않으면 이 마지막 순간을 견디지 못한다. 단단하게 보이는 사람도 죽음 앞에서 무너진다. 어떤 사람은 짐승같이 소리를 지르며 악을 쓴다. 죽음에 대한 공포심 때문이다. 그러나 죽음에 대해 미리 준비하고 생각을 정리한 사람은 비교적 평온하게 간다. 그래서 종교가 필요하다. 평소에는 종교의 필요성을 실감하지 못하지만 죽음 앞에 서면 그때 실감하게 된다. 나에게는 죽음의 직전까지 간 경험이 세 번이나 있다. 그때의 마음은 의외로 평온했다. 평소에 죽음에 대한 생각을 정리해두었기 때문이다.

죽음을 준비하는 것은 보다 좋은 삶을 위해서도 필요하다. 언제 죽을지 모르기 때문에 후회 없이 살아야 한다는 생각을 하게 된다. 이것을 진심으로 깨닫게 되면 가족을 더 사랑하게 되고, 사람들과 더 잘 지내게 되고, 조금이라도 더 행복하게 살아가게 되고, 작은 것이라도 더 나누면서 살아가게 되는 것이다. 그렇다! 죽음을 잘 준비하고, 잘 죽는 것도 실력이다.

생활 손자병법 체크리스트

□ 노후준비는 어떻게 하고 있는가? 몇 가지 적어보라.

□ 웰다잉은 어떻게 준비하고 있는가?

□ '사자불가이복생'을 내 삶에 어떻게 적용하고 싶은가?

제18화 벼랑 끝에 선 당신에게

심함즉불구
甚陷則不懼

"아, 어떡해? 무슨 방법이 없을까?"
"큰일이네, 어떡하면 좋아?"
"더 이상 방법이 없어! 끝이야…"

혹시 이런 말을 한 적이 있는가? 가장 절망스러울 때 하는 말이다. 더는 희망이 없을 때 하는 말이다. 이런 말을 할 정도가 되면 선택지가 별로 없다. 둘 중에 하나다. 그래도 버티는 것, 아니면 극단적 선택을 하는 것.

페이스북을 보다 보면 여러 사람의 사연을 접할 수 있다. 어떤 사람은 나이 오십이 넘도록 노총각으로 있다. 여러 형편상 결혼을 할 수 없었다. 오랫동안 병든 어머니를 모시고 있다. 수입은 없고 쌓여가는 병원비 때문에 하루하루 고통 가운데 버티고 있다. 그에게 언제 밝은 빛이 비칠지는 도무지 알 수 없다. 동굴을 보지 말고 터널을 보라고 사람들은 말하지만, 그에게는 동굴밖에 보이지 않는다. 참으로 암울한 인생이다.

어디 이런 사람들이 한두 명이겠는가. 이보다 더한 사람도 얼마든지 있다. 겉으로는 괜찮아 보이지만 속은 그렇지 않다. 페이스북을 통해 자신을 드러내는 사람은 그래도 괜찮은 사람들이다.

진짜 힘든 사람은 입을 닫아 버린다. 말을 안 한다. 진짜 아프면 소리도 안 나온다. 망치질하다가 손가락을 쳐본 적이 있는가? 순간 아무 소리도 안 나온다. 진짜 아프면 그런 것이다. 진짜 슬프면 눈물도 안 난다. 살다가 어쩔 수 없이 벼랑 끝에 섰을 때 어떻게 하면 좋을까?

손자병법 제11 구지 편에 '심함즉불구(甚陷則不懼)'라는 말이 있다. 극심한 곳에 빠지면 무서워하지 않는다는 뜻이다. 더 나빠질 수 없는 처지에 빠지면 오히려 두렵지 않다는 말이다. 벼랑 끝에 서면 오히려 대담해질 수 있다는 것이다.

포항에 잘 알려진 한동대학교가 있다. 그곳의 초대 총장 김영길 박사의 실제 이야기다. 그가 졸지에 재판장에 서게 되었다. 교비 52억 원을 전용했다고 한다. 그리고 다른 몇 가지 혐의도 있었다. 억울했다. 청렴을 생명처럼 알았던 교육자에게 있을 수 없는 치욕이었다. 다른 사람 같았으면 그냥 확 죽어버렸을지 모른다.

그 일이 일어났던 날 아내가 여느 때처럼 식사를 준비했다. 그런데 아내의 걱정과는 달리 아주 맛있게 식사를 했다. 의아한 아내가 물었다.

"어떻게 당신은 이 상황에서 그렇게 맛있게 식사를 할 수 있어요?"

"허허, 나는 이미 죽은 사람이요. 죽은 사람이 무슨 감정이 있겠소?"

기독교를 믿는 순간부터 예수와 함께 죽었다는 것이다. 죽었다고 생각하면 그 어떤 것도 아무것도 아니라는 것이다.

벼랑 끝에 섰을 때 어떤 마음을 가져야 하는지 잘 보여주고 있다. 까짓것! 죽기야 하겠나? 죽으면 죽는 거지 뭐! 아니, 이미 죽었는데 뭐!

김영길 박사는 2019년 6월에 80세의 나이로 편안히 세상을 떠났다. 진짜로 죽은 것이다. 그는 살아있을 때도 죽은 마음으로 살았으니 사나 죽으나 똑같았다. 이 땅에서 그를 잡아둘 것은 아무것도 없었다.

극단적 선택을 한 사람들의 집에 가면 '위로'에 관한 책이 많이 있다고 한다. 마지막 순간까지 누군가에게 위로를 받고 싶은 것이다.

그리고 행동으로 옮기기 전에 어떤 형태로든 자신의 선택을 알리기도 한다. 핸드폰의 문자로든 아니면 SNS를 통해서든. 얼마 전에 뉴스에 어떤 고등학생이 남긴 글이 소개되었다. '나 도와줘. 나 괜찮지 않아.' 이럴 때 빨리 눈치채야 한다. 안타깝게도 이 학생은 행동으로 옮겨버렸다.

따뜻하게 손 한 번 잡아 주는 것. "힘들지?" 이 한마디로 한 사람을 살릴 수 있다. 조금만 관심을 가지면 극단적 선택을 막을 수 있다. 주변에 벼랑 끝에 서 있는 사람이 없는지 살펴볼 일이다.

세상에서 가장 견디기 힘든 일이 무엇일까? 억울한 일을 당한 일? 빚에 쫓기는 일? 직장을 못 구한 일? 물론 힘들 것이다. 그런데 가만히 생각해보자. 이런 것들은 그래도 시간이 지나면 해결이 될 때가 많다. 사람이 죽으라는 법은 없다. 그런데 정말 힘든 일이 있다. 시간이 지나도 해결이 불가능한 것이다. 그게 뭘까? 어린 자식이 부모 앞에서 서서히 죽어가는 것을 대책 없이 보는 것이다. 나는 이 기막힌 사연을 우연히 운전하면서 들었다. 듣는 내내 많이 울었다. 지금 힘든 사람이 이 글을 읽고 있다면 꼭 유튜브에서 '2016 장종택 목사'를 검색해보기 바란다. 이 사연을 들으면 그래도 내가 겪고 있는 어려움은 그나마 견뎌낼 수 있다고 생각하게 될 것이다. 서서히 죽어가는 어린 딸을 보고 있는 부모의 심정을 어찌 헤아릴 수 있겠는가. 절망도 이런 절망이 없다. 차라리 내가 죽었으면 하는 생각이 저절로 일어난다.

아무리 힘이 들어도 장 목사만큼 힘이 들겠는가. 다행히 장 목사의 딸은 그 후에 기적처럼 살아났다. 이렇게 기적도 있는 것이다. 그러니 결코 포기하지 말라.

내 책상 위에 매우 특이한 그림을 하나 붙여 놓았다. 물론 내가 그린 것이다. 시계 밑에 어떤 사람이 구덩이 바닥에서 손을 들고 있는 모습이다. 벼랑 끝에 섰을 때 이 그림이 탈출구가 되었으면 좋겠다.

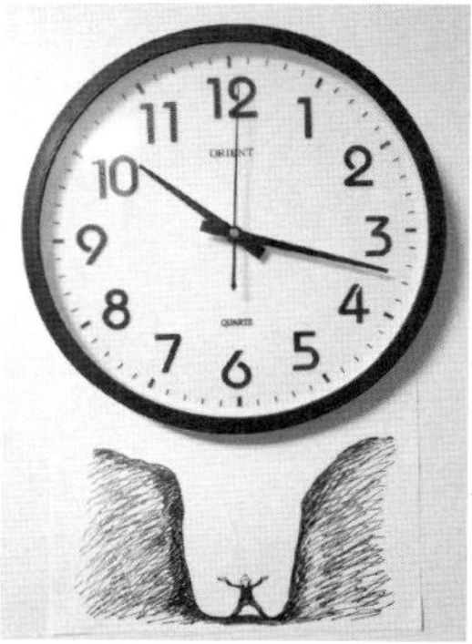

❶ **시계:** 시간이 해결해 줄 때가 많다. 이 어려움이 1년 후에도 계속될까? 5년 후에도? 10년 후에도? 분명히 지금과는 달라질 것이다. 그러니 지금만 보지 않기를 바란다.

❷ **최악의 경우를 생각해본다:** 더 이상 더 나빠질 게 뭐가 있나 생각해본다. 최악의 경우까지 생각하면 오기도 생긴다. "까짓것! 그렇다고 감옥에 가겠어? 그렇다고 죽기야 하겠어?" "가면 가고, 죽으면 죽지 뭐!" 이런 생각 말이다.

❸ **받아들인다:** 피할 수 없으면? 즐길 수는 없다. 실제로 당하게 되면 절대로 즐기지는 못한다. 이때는 그냥 '받아들이는 것'이다. 받아들이면 의외로 마음이 편해진다. 이게 아주 중요하다.

❹ **뭐라도 한다:** 그래도 내가 할 수 있는 것이 무엇인지 생각해서 그거

라도 해본다. 그냥 멍하니 방안에만 있지 말라. 나쁜 생각이 자꾸 생긴다. 길거리를 돌아다녀도 좋다. 누구를 만나도 좋다. 작은 일이라도 시작해라. 뭔가 하는 것이다. 생각하지도 않는 좋은 일이 생길 수도 있다.

❺ **절대로 포기하지 않는다:** 가장 중요하다. 절대로 나 자신을 포기하지 않는다. 버티고 버티다 보면 반드시 좋은 날이 온다. 절대로 죽지 마라. 죽으면 끝이다. 죽는다고 해결되지 않는다. 그것은 아주 이기적인 책임회피다. 남은 가족만 엄청난 고통이다. 아무리 힘들어도 살아 있어라. 살아만 있으면 '반드시' 길이 생긴다. 죽으라는 법은 없다. 인생은 절대로 알 수 없다. 새옹지마다.

밑바닥에 앉았을 때, 벼랑 끝에 섰을 때 힘차게 다음의 주문을 외우자. "이 또한, 좋은 일이 생길 거야!"

생활 손자병법 체크리스트

☐ 벼랑 끝에 서 본 경험이 있는가?

☐ 벼랑 끝에 섰다면 내가 취할 태도는?

☐ '심함즉불구'를 내 삶에 어떻게 적용하고 싶은가?

제19화 2%의 가능성만 있다면

"안녕하세요."

"이름이 뭡니까?"

"제인입니다."

"노래하는 것이 직업입니까?"

"음…, 요즘은 아니에요!"

"나이는?"

"서른 살입니다."

"가수가 꿈이었나요?"

"네."

"오늘 무슨 노래를 부를 거죠?"

"저는 '괜찮아'라는 노래를 준비했습니다."

"It's OK?"

"네, 괜찮아요."

"무엇이 괜찮다는 거예요?"

"네, 이 곡은 내 인생의 마지막 해에 관한 이야기입니다."

"누구와 같이 왔죠?"

"저 혼자 왔습니다."

"It's OK!"

어쩌면 당신도 이 영상을 봤을지 모른다. 미국 NBC방송 인기프로그램인 '아메리카 갓 탤런트'(AGT)에서 깜짝 골든 버저를 받은 제인의 이야기다. 2021년 6월 8일의 무대였다. 순서에 따라 무대에 오른 제인의 표정은 무척이나 밝았다. 앞의 대화는 제인이 노래 부르기 전에 했던 인터뷰 일부이다. 제인은 폐와 간, 그리고 척수에 암 진단을 받았다고 했다. 그리고 그날 부를 노래는 그녀 자신이 만들었다고 했다. 자신의 인생에서 언제일지 모르지만, 마지막 해에 관한 이야기라고 밝게 말했다.

1분 50초가량 부른 그녀의 노래는 대부분 'It's OK!', 'It's all right!'이었다. 괜찮다는 것이다.

그녀는 의사로부터 생존확률이 2%라고 들었다고 한다. 단 2%! 노래가 끝난 뒤에 그녀는 말했다.

"2%는 0%가 아닙니다. 2%는 대단한 겁니다. 저는 사람들이 그것이 얼마나 놀라운지 알았으면 좋겠어요."

내가 꿈을 심어주는 꿈알운동을 하고 있을 때 아주 특별한 청년을 만났다. 이운영이다. 그는 제인처럼 서른의 나이에 백혈병을 얻었다. 그것도 치료가 힘든 급성골수성 백혈병이었다. 상태가 워낙 심해서 죽기만을 기다렸다고 한다. 살 수 있는 유일한 길은 골수 이식뿐이었다.

그런데 일 년이 넘도록 대기하는 환자들도 많았다. 죽지도 못하고 절망에 빠져 시간만 보내고 있었다. 그러다가 우연히 인터넷을 검색하다가 한 장의 사진을 봤다. 똑같이 백혈병을 앓던 어떤 사람이 지리산을 종주한 사진이었다. 그때 가슴이 뛰었다고 한다.

'나도 저렇게 할 수 있겠구나. 나도 병이 나으면 뭔가 해야겠다. 나아야지! 꼭 나아야지!'

새로운 꿈이 생긴 것이다. 희망! 나을 수 있다는 믿음!

그러다가 기적같이 골수 이식을 받게 되었다. 다시 건강을 되찾은 그는 그 자신의 약속대로 서울에서 부산까지 국토 종주를 계획했다. 자전거길을 도보로 걷겠다고 했다. 다들 미쳤다고 했다. 아직도 성하지 않은 몸이라 무리라며 말렸다. 그런데 강행했다. 그리고 마침내 15일에 걸쳐 해운대 모래사장에 도달했다.

더 놀라운 일이 일어났다. 악성 백혈병을 오래 앓은 사람은 아기를 가질 수 없다고 했는데 아기를 가진 것이다. 아내가 자연분만으로 예쁜 딸을 낳았다. 의사도 기적이라고 했다.

여기까지 소식을 듣고 대략 3년 동안 소식이 끊겼다. 그러다가 얼마 전에 전화를 통했다. 그동안 안부를 물었다. 그런데 또 다른 병으로 고생했다고 한다. 이름도 생소한 모야모야병이라고 한다. 특별한 이유도 없이 뇌혈관의 특정 부위가 막히는 병이란다. 뇌경색이 와서 3개월을 식물인간으로 지냈다고 한다. 손가락 하나 까닥할 수 없었다고 한다. 말 그대로 식물인간.

그는 다시 인간의 의지가 얼마나 중요한지를 보여주었다. 그 와중에 머릿속으로 "나는 일어날 수 있어!"를 외쳤다고 한다. 과연 기적이 일어났다. 아주 조금씩 손가락이 움직이기 시작했다. 그 틈을 놓치지 않고 조금씩 조금씩 다른 부위도 움직여 보았다. 반응이 있었다. 미친 듯이 방바닥을 헤집고 다녔다 한다. 그리고 마침내 거의 정상인처럼 회복했다고 한다. 얼마 전에는 23㎞ 걷기에도 성공했다고 한다. 또 놀라운 소식은 둘째 아이를 가졌다는 것이다. 남들은 한 번도 겪기 어려운 병을 두 번씩이나 겪은 이운영은 오늘도 '할 수 있다'를 외치며 열심히 살아가고 있다.

손자병법 제1 시계 편에 '신(信)'이라는 말이 있다. 믿음을 뜻한다. 리더가 갖추어야 하는 다섯 가지 요소 중 하나다. 리더에게는 믿음이 있어야 한다는 말이다.

어떤 믿음인가? 사람에 대한 믿음이다. 그리고 자기가 신봉하는 신에 대한 믿음이다. 무엇보다도 절망 가운데 희망의 끈을 붙드는 믿음이다. 사람이 힘들 때 붙들 수 있는 그 무엇이 있다는 것은 다행한 일이다.

믿음은 기적을 낳는다. 믿음이 있으면 산도 옮긴다고 한다. 0%와 2%는 근본적으로 다르다. 있는 것과 없는 것의 차이다. 내 아내도 10여 년 전에 자궁내막암에 걸렸었다. 보통은 자궁경부암에 걸린다. 아내가 걸린 암은 아주 좋지 않은 것이었다. 그때 서울대병원 담당 의사가 수술을 마치고 말했다. "생각보다 괜찮아요." 그 한마디에 하늘을 나는 것 같았다. 작은 희망이 그렇게도 큰 힘이 되는 것이다. 있는 것과 없는 것의 차이다.

단 2%의 가능성!

여기에 '믿음'을 더하면 분명히 기적은 일어난다. 아인슈타인은 이런 말을 했다.

"삶을 살아가는 두 가지 방법이 있는데, 하나는 기적이 전혀 없다고 믿는 것이고, 다른 하나는 모든 것이 기적이라고 믿는 것이다."

생활 손자병법 체크리스트

□ 제인과 이운영과 같은 경험이 있는가?

□ 2%의 가능성과 0%의 가능성은 어떻게 다른가?

□ '신(信)'을 내 삶에 어떻게 적용하고 싶은가?

제20화 악마는 호기심을 입는다

이이유지
利而誘之

“저런! 어떻게 저럴 수가? 나쁜 놈이네!”
“또? 아니 세상이 왜 이래?”
“저 인간들은 그냥!”

무슨 소리 같은가? 밥 먹다가 텔레비전을 보며 하는 말이다. 공군 여군 부사관이 성추행을 당해서 극단적 선택을 했다. 관련자들이 줄줄이 끌려가고 있다. 공군참모총장이 사임했다. 그런데 며칠이 지나자 또 다른 부대에서도 이런 일이 발생했다. 군부대뿐만 아니다. 관공서에서도 일어났다. 직장에서도 일어났다. 도대체 어떤 곳을 믿어야 할지? 어떤 사람을 믿어야 할지?

대한민국이 온통 성추행, 성폭력으로 들끓고 있다. 언제부터인가 더 심해졌다. 코로나 19로 인해 억압된 감정에 분출구라도 찾으려는 것인가. 잘못돼도 몹시 잘못되고 있다.

다른 것은 몰라도 성적으로 물의를 일으키는 것만큼 남사스러운 일은 없다. 남사스럽다는 말을 아는가? 사투리가 아니다. 국어사전에 등록된 표준말이다. 남에게 놀림과 비웃음을 받을 듯하다는 뜻이다. 성적으로 물의를 일으키면 얼굴을 들 수 없다. 특히 자식들 앞에 그렇다. 신뢰를 쌓는 데는 많은 시간이 필요하다. 그러나 무너지는 데는 단 1분이면 족하다. 한 방에 가는 것이다.

2015년에 불륜조장 사이트인 애슐리 매디슨이 해킹을 당했다. 무려 3천6백만 명의 이용자가 있었다. 우리나라에도 68만 명이나 됐다. 놀라운 것은 가정을 가진 사람들이 대부분이었다. 명단이 백일하에 공개되자 많은 사람이 자살했다. 이게 무슨 망신인가! 나쁜 짓을 하면 언젠가 반드시 드러나게 되어 있다. 꼬리가 길면 잡힌다.

손자병법 제1 시계 편에 '이이유지(利而誘之)'라는 말이 있다. 이로움으로 꾄다는 뜻이다.

여기서 이로움이란 뭘까? 돈이 이로움이 될 수 있다. 돈 싫어하는 사람이 없기 때문이다. 의도적으로 한 사람을 몰락시키는 방법으로 돈을 이용한다. 아주 자연스러운 방법으로 돈을 전달한다. 이 돈은 괜찮다고 말한다. 아무도 모르는 돈이라고 말한다. 둘만의 비밀이라고 말한다. 수표도 아니고 5만 원권 현찰이다. 절대로 추적당할 일도 없다고 말한다. 괜찮겠지 하고 덥석 무는 순간 끝난다. 빠져나갈 수 없는 올가미에 걸려든다. 증거를 확보할 은밀한 장치는 이미 다 해둔 상태다. 한 사람을 몰락시키는 방법으로 돈보다 효과적인 것은 없다.

또 하나 이로움의 미끼는 성(性)이다. 성으로 꾀는 것이다. 유혹하는 것이다. 주로 로비할 때 많이 이용된다. 언젠가 우리나라에 이런 일이 있었다. 국방부 장관이 국제적인 로비스트인 여자에게 당해 옷을 벗었다. 은밀한 거래 뒤에는 늘 돈과 성이 있다.

전쟁할 때는 일단 이겨야 하니까 수단과 방법을 가리지 않을 때가 많다. 그래서 돈이나 성을 미끼로 적국의 왕이나 장수를 무너뜨리는 예는 많이 있다. 그런데 오늘날 우리의 생활에서 이런 일이 있어서는 안 된다.

특히 성에 대한 잘못된 인식으로 행동하게 되면 피해자는 평생을 두고 그 고통에서 벗어나지 못한다. 오죽하면 극단적 선택을 할까. 그러니 절대로 가해자가 되어서는 안 된다. 그리고 그 반대로 그러한 유혹이 오면 정말 정신 바짝 차려 그 상황에서 벗어나야 한다.

이쯤에서 다시 성경에 나오는 요셉의 이야기를 해 보자. 형들에 의해 노예로 팔려 간 요셉은 애굽의 군대장관 보디발의 집에 머문다. 미남 요셉에게 보디발의 아내가 추파를 던졌다. 당대 권력자의 아내가 아닌가. 그에 걸맞게 매우 아름다웠을 것이다. 남편이 없는 틈을 타서 유혹했다. 보는 사람도 없다. 분위기도 그만했다.

요셉은 어떻게 했을까? 눈 한 번 딱 감고 그냥 저질렀을까? 아니다. 그는 그 자리에서 도망쳤다. 그게 살길인 것을 알았다. 여기에 중요한 포인트가 있다.

요셉은 보디발의 아내에게 왜 그런 행동이 잘못된 것인지 설명하려 들지 않았다. 그냥 그 자리를 피한 것이다. 생각해보라. 설명하고 설득하려 했다면? 분명히 달콤한 유혹에 넘어갔을 것이다. 남자는 보는 것에 약하다. 오래 보면 빠진다. 그러니 안 보고 무조건 그 자리에서 벗어나는 것이 최선이다.

우리는 하루에 얼마나 생각을 할까? 오만가지다. 오만가지 생각 중에 좋은 생각과 나쁜 생각이 섞여 있다. 종교개혁자 마틴 루터는 생각에 대해 아주 중요한 말을 했다.

“새가 머리 위를 날아가는 것은 막을 수 없을지라도 내 머리 위에 둥지를 틀지 않게는 할 수 있다.”

이 말은 무슨 뜻일까? 얼마든지 나쁜 생각이 들 수 있다는 것이다. 그러나 그 생각이 계속 머리 안에 머물게 해서는 안 된다는 것이다. 나쁜 생각이 오래 머물면 그것이 행동으로 가기 쉽기 때문이다. 그러면 죄를 짓게 되는 것이다. 생각이 죄로 가는 것이다.

그래서 예수님도 음욕을 품고 여자를 보면 이미 마음의 간음을 하였다고 하셨다(마 5:28). 사람이기 때문에 나쁜 생각이 들 수 있다. 그러나 절대로 나쁜 생각을 오래 마음에 품지 말아야 한다.

호기심에도 종류가 있다. 좋은 호기심과 나쁜 호기심이다. 좋은 호기심은 사회를 이롭게 하는 결과물로 나온다. 여러 발명품은 좋은 호기심에서 비롯된다. 그러니 우리는 틈만 나면 좋은 호기심을 가져야 한다. 삶에 호기심이 없으면 죽은 것과 같다. 그런데 나쁜 호기심이 있다. 얼마 전에 뉴스로도 나왔다. 초등학교 교장이 여교사의 화장실에 몰카를 설치했다는 것이다. 이런 것이 나쁜 호기심이다. 나쁜 호기심은 어떤 이유로도 용납되어서는 안 된다. 사람은 혼자 있을 때 가장 취약하다. 자기가 어떤 사람인지 알려면 혼자 있을 때 무슨 생각을 많이 하는가를 보면 안다. 틀림없다. 혼자 있을 때 나쁜 호기심이 들지 않도록 자신을 잘 통제해야 한다. 확실히 악마는 호기심을 입는다.

생활 손자병법 체크리스트

□ 돈이나 성으로 유혹받은 적이 있는가?

□ 혼자 있을 때 주로 어떤 생각을 많이 하는가?

□ '이이유지'를 내 삶에 어떻게 적용하고 싶은가?

숲
전

제21화 단칼에 담배 끊기

엄
嚴

"지금 먹을 거야?
아니면 선생님이 돌아오면 먹을 거야?"

누구나 잘 아는 내용일 거다. 유명한 마시멜로 이야기다. 1966년 어느 날 스탠퍼드 대학의 심리학자 미셸 박사는 네 살 아이 653명을 대상으로 재미있는 실험을 했다. 아이들에게 마시멜로 사탕이 한 개 들어있는 접시와 두 개 들어있는 접시를 보여준다. 지금 먹으면 한 개를 먹을 수 있지만, 선생님이 돌아올 때까지 참고 있다가 먹으면 두 개를 준다고 했다. 15분의 시간이 주어졌다. 선생님이 나가자마자 먹는 아이들. 참다 참다 중간에 먹는 아이들. 끝까지 참고 있다가 선생님이 돌아왔을 때 먹는 아이들. 세 부류로 나누어졌다.

이 실험이 끝나고 15년이 흘렀다. 1981년에 발표된 결과가 흥미롭다. 오래 참은 학생일수록 가정이나 삶 전반에서 훨씬 우수했다는 결과가 나왔다. 자기통제(self control)와 만족 지연력(delay of gratification)의 중요성을 말해주고 있다. 마시멜로 실험에서처럼 어떤 결정의 순간을 맞이할 때 30초만 더 자기 자신에게 물어보면 좋다고 한다. 이른바 '30초 규칙'이다. 무엇이든 즉흥적으로 결정하지 말라는 의미이다.

호아킴 데 포사다와 엘런 싱어가 지은 『마시멜로 이야기』에 보면 이런 이야기가 나온다.

유년시절에 마시멜로 실험에 참여한 적이 있는 억만장자 조너선은 그의 운전기사 아서에게 묻는다.

"100만 달러를 한꺼번에 받을 건가, 아니면 1달러로 시작해서 30일 동안 매일 금액을 두 배로 늘려 받을 건가?"

아서는 퍼뜩 머리를 굴려 100만 달러를 받겠다고 대답했다. 물론 잘못 선택했다. 후자를 택했더라면 5억 달러 이상을 받을 수 있었다. 아서가 30초만 더 생각했더라면 후자를 택했을 것이다.

이렇게 무엇이든 즉흥적으로 결정하지 말고 적어도 30초를 생각하는 것이 좋다. 30초 자기통제라 할 수 있다.

머리가 아주 똑똑한 내 친구가 있었다. 공부를 잘해서 서울의 이름있는 대학교에 들어갔다. 친구의 부모는 집안의 경사라고 만나는 사람마다 자랑했다. 그런데 그 친구는 결국 그 학교를 졸업하지 못했다. 다른 학생과 작은 시비가 붙었는데 순간을 참지 못하고 술병으로 머리를 쳐 버린 것이다. 30초를 참지 못했다. 그 일로 자퇴를 하고 군대에 가버렸다. 나중에 들은 바로는 군대에서도 문제를 일으켜 극단적 선택을 했다고 한다. 아무리 머리가 좋아도 자기통제가 되지 않아 불러온 비극이다.

손자병법 제1 시계 편에 '엄(嚴)'이라는 말이 있다. 엄격함을 뜻한다. 리더가 갖추어야 하는 다섯 가지 요소 중 하나다. 리더는 조직을 엄격하게 다스려야 한다. 동시에 리더는 자기통제를 잘해야 한다.

빅토르 위고는 우리가 싸워야 할 싸움에는 세 가지가 있다고 했다. 첫째는 자연과 인간의 싸움이다. 그는 이 싸움을 그리기 위해 『바다의 노동자』라는 책을 썼다. 둘째는 인간과 인간의 싸움이다. 그는 이 싸움을 그리기 위해 『93년』이라는 책을 썼다. 셋째는 자기와 자기의 싸움이다. 가장 중요한 싸움이라고 말하며 그 유명한 『레미제라블』을 썼다. 주인공 장발장은 마지막까지 마음속에서 일어나는 선과 악의 싸움을 한다.

플라톤은 "인간 최대의 승리는 내가 나를 이기는 것"이라고 했다. 로마의 철학자 세네카는 "가장 강한 사람은 자기를 통제할 수 있는 사람"이라고 했다.

어떻게 나를 통제할 수 있을까?

네덜란드의 심리학자 로이 바우마이스터 팀은 자기통제에 관한 사례 102건을 연구해서 흥미 있는 결과를 발표했다. 자기통제를 잘하는 사람은 자기를 통제하지 않는다는 것이다. 이게 무슨 말인가?

담배를 예로 들어보자. 자기통제를 잘하는 사람이라고 해서 담배를 더 잘 참거나 끊는 것이 아니라는 주장이다. 자기통제를 잘하는 사람은 처음부터 의지력을 발휘할 일을 만들지 않는 사람이다. 그러니까 애초에 담배를 피우지 않는 사람이다. 그러면 그렇게 힘들게 담배를 참거나 끊을 필요가 없다. 그렇기 때문에 자기통제를 잘하는 사람은 실제로는 자기통제를 잘하는 사람이 아니라 처음부터 그럴 일을 만들지 않는 사람이다. 이제 이해가 되는가?

그렇다면 자기통제를 잘하기 위해서는 어떻게 해야 하나? 스마트폰을 생각해 보자. 처음부터 시간을 정해서 절제 있게 사용하는 것이다. 이미 중독으로 넘어 가버리면 자기통제 자체가 불가능해질 수 있다. 술을 마시는 것도 그렇다. 일정량을 정해놓고 절제 있게 마시는 것이다. 그 도를 넘으면 자기통제가 어려워진다.

처음부터 자기통제 할 일이 없도록 하는 것, 이것이 자기통제의 가장 근본적인 방법이다.

단칼에 담배를 끊고 싶은가?
아주 간단하다.
잘 드는 커터칼을 준비해라.
앞에 담배를 놓아라.
단칼에 끊어버려라. 끝!

생활 손자병법 체크리스트

□ 나는 자기통제를 잘한다고 생각하는가?

□ 자기통제를 위해 어떤 노력을 하고 있는가?

□ '엄'을 내 삶에 어떻게 적용하고 싶은가?

제22화 이런 회사 퇴사하겠습니다

치인이불치어인
致人而不致於人

"조금만 더! 조금만!"
"힘내! 다 됐어! 버텨!"
"조금만! 영차! 영차!"

금방 알아차렸을 것이다. 무슨 장면? 그렇다. 줄다리기다.

요즘 세계를 뒤집어놓은 넷플릭스의 〈오징어 게임〉에서 봤을 거다. 끌려가면 죽는다. 그래서 목숨을 걸고 당긴다. 〈오징어 게임〉은 반드시 이겨야만 하는 잔인한 승부의 세계를 여과 없이 보여주고 있다. 물론 우리나라의 줄다리기는 〈오징어 게임〉처럼 사람의 생명을 담보로 하지는 않는다.

그런데 재미있는 현상이 있다. 줄다리기를 마쳤을 때다. 똑같이 힘을 다 써서 녹초가 되지만 진 편보다 이긴 편이 그래도 덜 지쳤다는 사실이다.

여기서 한 가지를 알 수 있다. 같은 힘을 쓰더라도 내가 끄느냐 아니면 끌리느냐에 따라 달라진다는 점이다. 확실히 내가 끌게 되면 힘이 덜 든다.

군대 갔다 온 사람은 알 것이다. 아니 요즘 군대에는 없을지 모른다. 내가 군대에 있을 때는 수시로 10㎞ 군장 뜀 걸음을 했다. 그냥 걷기도 힘든 10㎞를 30㎏을 채운 군장을 지고 달리는 것이다. 달리기 전에 군장 검사를 한다. 어떤 병사는 방독면 대신에 건빵을 넣어 혼나기도 한다.

이거 진짜 장난 아니다. 뛰다 보면 꼭 낙오자가 나온다. 그런데 그때마다 누군가 나타나 낙오자의 총이나 군장을 대신 들고 뛴다. 옆에 있는 전우가 그러든지 아니면 소대장이 그렇게 한다. 재미있는 사실은 그렇게 다른 사람의 짐을 대신 지고 뛰는 사람은 절대로 낙오하지 않는다는 것이다. 이게 바로 끌어갈 때 일어나는 현상이다. 누가 시켜서가 아니라 스스로 끌어갈 때 그렇다.

인생은 두 가지로 나눌 수 있다. 끌어가는 인생과 끌려가는 인생이다. 무엇을 하더라도 내가 끌어가면 힘이 덜 든다. 내가 끌려가면 힘이 더 든다.

손자병법 제6 허실 편에 '치인이불치어인(致人而不致於人)'이라는 말이 있다. 사람을 끌어가되 끌려가지 않는다는 뜻이다. 주도권의 문제다. 전쟁할 때는 주도권이 중요하다. 적보다 먼저 유리한 장소에 가서 기다리면 주도권을 장악할 수 있다. 뒤늦게 허겁지겁 끌려가면 주도권을 잃어버린다. 주도권이 어디에 있느냐가 승패를 좌우한다. 전쟁은 결국 주도권의 싸움이다.

우리의 삶도 마찬가지다. 끌어가느냐 끌려가느냐에 따라 성패가 갈린다. 성공하는 사람은 끌어가는 사람이다. 실패하는 사람은 끌려가는 사람이다.

그래서 '치인이불치어인(致人而不致於人)'은 참 중요한 말이다. 학습현장에서 많이 사용하는 자기주도학습이라는 말의 근원이 이것이다. 공부하되 스스로 주도적으로 한다는 것이다. 스스로 동기화되어 스스로 학습 과정을 계획하고 실행해 나가는 것이다. 그러면 중도에 포기하지도 않고 학습 성과도 높아진다.

가끔 강제로 공부해야 할 때가 있지 않은가? 고3 학생의 입시공부가 그럴 것이다. 직장에서 강제로 끌려와 강의를 들을 때도 있다. 정말 죽을 맛이 아닌가.

똑같은 공부라도 스스로 하는 공부가 있다. 나는 공부를 비교적 좋아하는 편이다. 어릴 때부터 용돈만 생기면 꼬박꼬박 모아 헌책을 사러 다녔다. 중고서적을 파는 곳은 내가 살던 동네에서 한 시간 정도 걸어야 했다. 그래도 힘이 들지 않았다. 책을 한가득 가지고 오는 날은 정말 행복했다. 책을 읽고 또 읽었다. 얼마나 재미가 있든지 정말 날 새는 줄도 몰랐다. 이렇게 끌어가는 공부는 재미있다. 힘이 들지 않는다. 얄미운 누구 말처럼 공부하는 게 제일 쉬워진다.

주도적인 삶은 어떤 삶인가? 다른 사람이나 환경에 의해 지배되지 않고 자신의 결정에 따라 사는 삶이다.

'강남언니'라고 하는 회사가 있다. 이름도 재미있는 비교적 작은 회사다. 이 회사의 해외 사업총괄 임현근 디렉터의 이야기는 주도적인 삶이 무엇인지 잘 보여주고 있다. 처음에는 삼성에 다녔다고 한다. 누가 봐도 부러워할 '삼성맨'으로서 성공한 삶이었다. 그런데 대기업의 특성이 그러하듯 정해진 시스템 안에서 모든 일을 해야 했다. 자기 자신이 주도적으로 처리할 일거리가 제한되었다. 그러다 보니 이게 원하는 삶이었나 하고 회의가 들었다.

"이런 회사 퇴사하겠습니다."

그렇게 말한 뒤 익스피디아라는 작은 회사로 이직했다. 4년 정도 근무를 했는데 그 회사 역시 스스로 결정하는 일이 제한되었다. 그래서 더 작은 회사로 이직했다. 의료서비스 관련 회사인 강남언니다. 지금은 이 회사에서 추진하는 여러 사업에 스스로 결정하는 일이 많이 늘어났다. 그가 원하던 주도적인 삶을 살게 된 것이다. 주도적인 삶은 그로 인해 얻어지는 보람뿐만 아니라 직접 미래를 만들어 나갈 기회까지 가질 수 있다. 멋지지 않은가?

끌려가면 힘들지만 끌면 가볍다. 우리의 인생이 그렇다. 그런데 살다 보면 끌려갈 때가 있다. 어떤 경우인가? 사람에게 무엇인가 '기대'할 때다. 예를 들어보자. 돈이 필요하다. 마침 어떤 사람을 만났다. 그는 돈이 많다. 그러면 어떤 마음이 생기겠는가? 기대심리가 생긴다. 그렇게 되면 나도 모르게 그 사람에게 끌려가게 된다. 그 사람의 눈치도 보고 비위도 맞추게 된다. 별로 우습지 않은 이야기에도 크게 웃으며 박수를 치기도 한다. 이 얼마나 한심한 모습인가. 이렇게 뭔가를 기대하게 되면 끌려가게 된다. 그렇다면 어떻게 해야 할까? 처음부터 기대하지 않는 것이다. 바라는 것이 없으면 끌려갈 이유가 없다. 그리고 잔뜩 기대했다가 뜻대로 되지 않으면 나만 상처 입고, 괜한 사람만 미워하게 된다. 기대를 버리면 누구를 만나든 당당해질 수 있고, '이런 회사 퇴사하겠습니다'라고 말할 배짱도 생긴다.

끌려가지 않고 끌어가는 '치인이불치어인'을 잊지 말자.

생활 손자병법 체크리스트

□ 나는 지금 안주하고 있는가?

□ 주도권을 가지고 끌고 가고 있는 것이 있는가?

□ '치인이불치어인'을 내 삶에 어떻게 적용하고 싶은가?

제23화 '라떼'를 좋아하는 꼰대

상하동욕자승
上下同欲者勝

"꾸꾸꾸, 당모치, 애빼시, 오놀아놈, 박박, 짜짜, 나나…."

무슨 말인지 아는 사람? 몇 개나 알겠는가? 두 개만 알아도 대단하다. 지금부터 답을 공개한다. 꾸꾸꾸는 '꾸며도 꾸질꾸질', 당모치는 '당연히 모든 치킨은 옳다', 애빼시는 '애교 빼면 시체', 오놀아놈은 '오 놀 줄 아는 놈', 박박은 '대박 대박', 짜짜는 '진짜 진짜', 나나는 '존나 존나'의 줄임말이라고 한다.

어떤가? 하나라도 맞췄는가? 요즘 10대들이 쓰는 말이다.

"라떼는 말이야."

당연히 이 말은 알 것이다. '라떼(나 때)는 말이야'를 자주 이야기하는 사람을 뭐라고 부르는가? 바로 '꼰대!'

그렇다면 꼰대가 무슨 뜻인가? 지식백과에 따르면 이렇다. 본래 아버지나 교사 등 나이 많은 남자를 가리켜 학생이나 청소년들이 쓰던 은어였으나, 근래에는 자기의 구태의연한 사고방식을 타인에게 강요하는 이른바 꼰대질을 하는 직장 상사나 나이 많은 사람을 가리키는 말로 변형된 속어다.

설명이 복잡하다. 그냥 간단하게 말하면, 말이 안 통하는 꼴통 노인이라는 말이다.

지금부터 꼰대 소리 듣지 않으려면 잘 보기 바란다

참, N세대는 잘 알 것이다. Net세대라고 한다. 인터넷으로 대표되는 네트워크 세대라는 의미다. 1970년대 중반에 태어나 경제적 혜택을 누렸던 X세대 중에서 특히 컴퓨터에 익숙한 세대를 말한다. 본론에 들어가자.

밀레니얼 Millennial 세대

1980년대 초반부터 2000년대 초반에 출생한 세대를 말한다. 이들은 청소년 때부터 인터넷을 사용해 모바일이나 소셜네트워크서비스(SNS)를 비롯한 정보기술에 능통하며 대학 진학률이 높다는 특징을 가지고 있다. Y세대라고도 한다.

Z세대

1990년대 중반에서 2000년대 초반에 출생한 세대를 말하며 밀레니얼 세대의 뒤를 잇는 세대다. Z세대는 어릴 때부터 디지털 환경에 노출되어 디지털 원주민이라고 불린다. TV나 컴퓨터보다는 스마트폰을 주로 이용한다. 글씨 보는 것을 싫어하고 이미지나 동영상 콘텐츠를 좋아한다.

MZ세대

밀레니얼 세대와 Z세대를 합친 개념이다. 창의성과 모험심과 파급력의 3요소로 똘똘 뭉쳐 있어 재테크 시장의 신주류로 떠오르고 있다. 신종투자도 겁내지 않고 공격적으로 투자한다. 이들 MZ세대는 무엇보다도 자기 자신을 중요하게 여기며 자신이 좋아하는 것이라면 아낌없이 투자한다. 부모 세대보다 소득수준이 낮지만, 자신들의 관심 분야나 신념에 맞는 소비에 프리미엄을 붙여가면서도 구매한다.

어느 정도 각 세대를 이해했는가? 물론 충분히 이해하기에는 한계가 있다. 어떻게 그 세대를 충분히 이해할 수 있겠는가. 그런데 과연 여기서 말하고 있는 것이 다 맞을까? 그냥 인위적으로 구분하기 위해서 그렇게 세대를 구분하고 특징을 만들어 본 것은 아닐까?

참고로 인터넷에 '새파란'이라는 이름을 가진 사람이 쓴 글이 있다. 그는 이런 세대 구분과 특징에 동의할 수 없다고 했다. 예를 들어 자신은

MZ세대인데 정의 자체도 이상하고 개성이 강하다고 하는 것도 이상하다는 것이다. 개성이 강한 것은 MZ세대뿐만 아니라 모든 세대에서 일어나는 현상이라는 것이다. 이렇게 자기 생각을 강하게 주장하고 있는 세대가 바로 MZ세대이다.

손자병법 제3 모공 편에 '상하동욕자승(上下同欲者勝)'이라는 말이 있다. 위와 아래가 하고자 함이 같을 때 승리한다는 뜻이다.

전쟁할 때는 상하가 서로 막힘이 없어야 하고 하고자 하는 것이 같아야 한다. 그래야 서로 일치단결하여 승리를 거둘 수 있다. 그런데 상하가 서로 마음이 같지 않다면 어떻게 되겠는가?

꼰대는 왜 꼰대인가? 젊은 사람과 하나가 되지 못하기 때문이다. 생각이 다르기 때문이다. 미래 이야기를 하지 않고 자꾸 과거 이야기를 하기 때문이다.

이런 글을 어디서 본 적이 있다. 어떤 20대가 쓴 글이다.

"나는 신입사원인데 일을 배우는 중에 메모장이 없어서 스마트폰으로 받아적는데 알려주는 그 사람이 예의가 없어 보인다고 앞으로 종이와 펜을 들고 다니라고 말했다. 꼰대 아냐?"

당신 생각은 어떤가? 아직도 이 상황이 이해가 되지 않는가? 그렇다면 당신은 아직도 라떼를 좋아하는 꼰대다.

생활 손자병법 체크리스트

□ 당신은 꼰대인가 아닌가? 그 이유는?

□ 밀레니얼 세대를 얼마나 이해한다고 생각하는가?

□ '상하동욕자승'을 내 삶에 어떻게 적용하고 싶은가?

제24화 참 아까운 사람일세

택인이임세
能擇人而任勢

"그것참, 아까워! 썩고 있어."

"누구 없나? 저런 사람을 끌어줘야지."

"정말 아까워, 인물인데."

누군가를 보고 하는 말이다. 뉘앙스를 보니까 좋은 인재가 썩고 있다는 말이다. 지금 있는 자리에 있기에는 아깝다는 것이다. 어떤가? 당신 주변에도 이런 사람이 있는가? 한 번 둘러보기 바란다.

능력은 있는데 발탁되지 못하면 그 능력은 썩고 만다. 능력이 있는 사람은 그 능력에 맞는 자리로 가야 한다.

역사적으로 볼 때 가장 바람직한 사례가 이순신의 경우다. 이순신은 능력이 출중했다. 문무를 동시에 겸비한 드문 사람이었다. 임진왜란이 일어나기 전에 나라에서는 차례와 관계없이 인재를 등용하는 불차채용(不次採用)을 시행했다. 이에 류성룡은 곧바로 이순신과 권율을 천거했다. 이순신은 당시에 정읍 현감이었다. 류성룡의 천거로 이순신은 곧바로 전라 좌수사가 되었다. 파격적인 등용이었다. 종 6품에서 정 3품으로 무려 7계급이나 올라간 것이다. 당시 사간원에서 너무 파격적인 인사라고 상소했지만 그대로 시행되었다. 사간원의 말대로 확실히 이순신의 경우는 파격적인 인사였다.

그런데 만약에 이순신이 정읍 현감에 머물렀다면? 아마도 조선은 끝장났을지 모른다. 이순신 또한 그 능력을 발휘하지 못했을 것이다. 그렇게 되면 오늘날 우리는 이순신을 알지도 못할 것이다. 일개 정읍 현감으로는 후세에 이름을 남길 일이 없기 때문이다.

손자병법 제5 병세 편에 '택인이임세(能擇人而任勢)'라는 말이 있다. 사람을 택하여 세를 맡긴다는 뜻이다. 사람을 택하는 것이 우선이다. 그리고 그 사람에게 능력을 발휘할 수 있도록 한다는 의미이다.

한 사람이 능력을 발휘하기까지는 대체로 세 가지 조건이 충족되어야 한다. 첫째는, 양인(養人)이다. 사람을 기르는 일이다. 다시 말해 능력을 기르는 것이다. 열심히 공부하고 열심히 노력하는 것이다. 둘째는, 택인(擇人)이다. 준비된 사람을 택하는 것이다. 택함을 받지 못하면 준비된 능력도 소용없다. 셋째는, 용인((用人)이다. 사람을 사용하는 일이다. 마음껏 그 능력을 발휘하도록 판을 깔아주는 것이다. 어떤 직책을 주고 권한을 주는 것이다. 이렇게 세 가지 조건이 잘 맞아야 한 사람이 그 능력을 발휘하여 사회와 나라에 기여하게 되는 것이다. 이 점에서 이순신은 정확히 맞아 떨어졌다.

반면에 정약전은 반대의 경우다. 아우인 정약용이 멘토로 삼았던 조선의 인재였다. 천주교를 믿는다는 이유로 흑산도로 유배되어 16년을 보냈다. 물론 우리나라 최초의 수산학 서적인 『자산어보』를 남겼지만, 그의 출중한 능력은 유배지에 묻혀 버렸다. 아까운 사람이다.

고등학교 친구 중에 머리가 아주 좋은 친구가 있었다. 영어도 잘했고 운동도 잘했다. 내가 보기에는 못 하는 것이 없었다. 동창들이 한결같이 하는 말이 있었다. 저 친구는 나중에 뭐가 돼도 될 거야. 그런데 그렇게 잔뜩 기대를 모았던 그 친구가 어디서 뭘 하는지 아는 친구들이 없었다. 잠적한 것이다. 멀리 다른 나라로 이민했다는 소식도 들려왔다.

그렇게 똑똑했던 친구였는데 뭔가 잘못된 것이다.

물론 똑똑하다고 다 잘되는 것은 아니다. 사회는 그보다 더 복잡하기 때문이다. 그래서 복잡계(complex systems)라는 사회 어가 나오지 않았는가.

그런데 내가 미국에 있을 때 전화가 왔다. 바로 그 친구였다. 어떻게 내 전화번호를 알았는지…, 어쨌든 전화를 받았다. 시카고에 있다고 했다. 나는 그때 캔자스주에 있는 미국지휘참모대학에서 교환교수로 있었다. 자초지종을 들었다. 친구는 한국에 있을 때 어떤 은행에 근무했다고 했다. 그 똑똑한 머리로 은행의 실적을 많이 올렸다고 한다. 그런데 결정적인 시기가 오자 은행이 자기를 버렸다고 한다. 그것도 책임까지 전가하며 내몰았다고 한다. 이른바 팽을 당했다. 결국, 모든 것을 다 정리해 미국으로 왔다고 했다. 현재는 흑인을 상대로 가발 용품을 판매하고 있다고 한다.

아까웠다. 정말 아까운 친구였다. 뭐가 잘못되었는지 결과적으로는 아까웠다.

밀레니얼 세대에 대해 앞에서 이야기했다. 밀레니얼 세대의 특징 중 하나가 공정성에 대해 매우 민감하다는 것이다. 어떤 대학교 교수가 한 말이 있다. 시험 성적을 공개하자 어떤 학생이 찾아왔다고 한다. 어떻게 채점을 했는지 알고 싶다며, 성적에 불만이 있어서가 아니라고 한다. 단지 공정하게 채점했는지를 알고 싶다는 것이다. 이것이 밀레니얼 세대가 가지고 있는 관심사다.

맞다. 어떤 일이라도 공정만 하면 괜찮다. 공정하지 않기 때문에 불평하고 말이 많은 것이다. 구호로는 공정사회를 부르짖고 있지만, 현실은 그렇지 못하다. 그만큼 어려운 것이 공정이다. 능력 있는 사람이 제자리를 찾아가는 것이 공정이다.

"아까운 사람일세." 이런 말을 하지 않게 우리 주변에 이런 아까운 사람이 더는 없으면 좋겠다.

여기서 천리마를 알아본 백락의 이야기를 잠깐 하자. 전국책에 나오는 유명한 이야기다. 백락이 어느 날 나이가 든 천리마가 소금 수레를 끌고 가는 것을 보았다. 백락은 그 장면을 보고 마차에서 내려 말을 붙잡고 자신의 비단옷을 덮어 주며 울었다. 그러자 천리마도 날카로운 금속성 소리로 울부짖었다. 자신을 알아주는 백락을 늦게나마 만났기 때문이다.

천리마는 분명히 우리 주변에 있다. 문제는 그 천리마를 제대로 알아보는 백락이 없다는 것이다.

생활 손자병법 체크리스트

□ 혹시 주변에 아까운 사람이 있는가?

□ 나는 내 때를 위해 무엇을 준비하고 있는가?

□ '택인이임세'를 내 삶에 어떻게 적용하고 싶은가?

제25화 깜이 아닌데 부반장을?

식중과지용자승
識衆寡之用者勝

"저런, 깜이 아냐! 저런 인간이 어떻게?"

"큰일 났네. 기가 막히는구나."

"이해가 안 돼."

혹시 주변에 이런 사람이 있는가? 깜이 아닌데 그 자리를 턱 하니 차지하고 있는 사람 말이다.

인터넷을 검색하다가 재미있는 기사를 봤다. 일단 그대로 옮긴다.

"뭐, 그다지 할 일이 있는 것은 아닌데
목소리도 작고 발표도 싫어하고

그런데 부반장에….

재미로 나갔는데 되었다고.

연설문도 준비 안 하고 갔는데 뭐라고 했냐고 하니까

선생님 도와서 배려하는 반을 만들겠다고.

하아 땡! 그것도 모기만 한 목소리로.

경쟁이 치열해서 7명이 나왔는데 아이들이 왜 뽑아 주었나?"

'칭찬엄마'라고 닉네임을 가진 사람의 글이다. 이 사람이 보기에는 깜도 안 되는 아이가 부반장이 된 것이다. 그런데 가만히 글의 흐름을 보니까 칭찬엄마의 자녀인 것 같다.

혹시 이 글을 읽는 사람 중에 '깜'이 사투리가 아닌가 생각하는 사람이 있을 것이다. '깜'은 국어사전에 일정한 자격이나 조건을 갖춤이라고 나와 있다. 물론 '감'이 표준 표기다.

어떤 자리에 오르려면 마땅히 그에 맞는 자격이나 조건에 맞아야 한다. 다시 말해 '깜'이 되어야 한다. 깜이 안 되는데 그 자리에 오르면 이런저런 말이 많다.

졸지에 자녀가 부반장이 되어 당황한 칭찬엄마의 경우는 그래도 괜찮다. 그 뒤에 이어지는 말처럼 부반장이 도약의 기회가 될 수 있기 때문이다. 부반장을 함으로써 부족했던 발표력도 좋아지고 소심한 성격도 고쳐나갈 수 있기 때문이다. 응원하는 댓글도 많이 달렸다.

그런데 어른의 경우는 다르다. 어른은 부반장의 세계에서 노는 그런

수준이 아니다. 깜이 안되는 사람이 높은 자리에 올랐을 때는 여러 사람에게 영향을 준다. 작은 기업이라면 적어도 열 명에게 영향을 줄 수 있다. 큰 기업이라면 적어도 백 명에게 영향을 줄 수 있다.

그런데 기업을 넘어서서 나라의 운명을 좌우하는 자리라면 심각하다. 실제로 이런 예가 중국역사에 있다.

기원전 260년 중국에서 일어났던 장평대전이 있다. 당시에 조나라와 진나라가 패권을 다투고 있었다. 진나라에서는 조나라의 장군 조사를 두려워했다. 조사는 병법에 능했을 뿐 아니라 실제로 아주 잘 싸웠다. 진나라에서는 그를 제거하기 위해 소문을 퍼뜨렸다.

"진나라가 두려워하는 것은 마복군 조사의 아들 조괄뿐이다."

조괄은 조사의 아들이다. 이 말을 들은 조나라 왕은 조사를 물러가게 하고 조괄을 총사령관으로 삼으려 했다. 이때 조괄의 어머니가 왕에게 나아가 말했다.

"내 아들은 제가 잘 압니다. 내 아들은 아비와 달리 말로만 병법을 외는 사람입니다. 실전에는 약합니다. 그러니 명을 거두어주십시오."

그런데 조나라 왕은 그 말을 듣지 않고 조괄을 총사령관으로 임명했다. 이때 진나라에서는 백전노장 백기를 총사령관으로 삼았다. 장평에서 서로 맞붙었고 조괄은 크게 패했다. 이때 백기는 조나라 포로 40만 명을 생매장해버렸다. 유명한 이야기다.

조괄은 총사령관으로서 깜이 안되는 사람이었다. 병법을 왼다고 했지만, 그냥 습관적으로 입으로 주절거렸을 뿐이다. 군인은 실전에 강해야 한다. 병법은 그냥 병법일 뿐이다. 병법을 실전에 적용할 수 있어야 한다. 그게 진짜 실력이다. 조괄은 그런 능력이 전혀 없었다. 그런데 조나라 왕은 진나라의 계략에 넘어가 깜이 안되는 사람을 그 높은 자리에 올린 것이다. 부반장이 아니라 나라의 운명을 쥐는 총사령관의 자리니 얼마나 잘못된 처사인가. 조괄의 이 이야기는 류성룡이 쓴 징비록에도 나올 정도다.

손자병법 제3 모공 편에 '식중과지용자승(識衆寡之用者勝)'이라는 말이 있다. 많은 병력과 적은 병력을 잘 사용할 수 있으면 이긴다는 뜻이다.

이 말은 사람에 따라 사용할 수 있는 병력의 규모가 있음을 말하고 있다. 어떤 사람은 많은 병력을 잘 사용할 수 있다. 그런데 어떤 사람은 많은 병력은 사용하지 못하고 적은 병력만 사용할 수 있다. 만약에 적은 병력만 사용할 줄 아는 사람에게 많은 병력을 맡기게 되면 크게 잘못될 수 있다.

오늘날에도 이런 점을 잘 고려해야 한다. 능력에 맞는 적재적소를 잘 해야 한다.

마을의 동장감이 있고 이장감이 있다. 시의원감이 있고 국회의원감이 있다. 장관감이 있고 대통령감이 있다. 자신의 능력을 넘어서서 맞지 않는 옷을 입고 있으면 그로 인해 많은 사람이 피곤하게 된다.

깜이 아닌데 부반장이 되면 반 전체가 피곤하다. 깜이 아닌데 대통령이 되면 국민 전체가 피곤하다. 제발 스스로 자기 깜을 알아차려서 자기 자리로 돌아가면 좋겠다. 그래서 소크라테스가 말했나 보다.

"너 자신을 알라(gnōthi seauton)."

세상의 거의 모든 문제는 자기 자신을 제대로 모르는 데서 출발한다. 자신을 너무 과대평가하는 것도 문제지만 반대로 자신을 너무 낮추는 것도 문제다. 아리스토텔레스는 이런 말을 했다.

"자기의 가치를 낮춰 생각하는 것은 비굴이다."

그렇다. 겸손이 아니고 비굴이라고 했다. 중요한 것은 자신의 수준을 제대로 보는 것이다. 로마의 시인 호라티우스는 서간집에서 '모든 사람은 자기 자신을 척도로써 자신을 평가해야 한다'고 강조했다. 딱 맞는 말이다.

생활 손자병법 체크리스트

□ 나는 내가 있는 자리가 맞다고 생각하는가?

□ 주변에 깜도 안 되는데 자리를 차지하고 있는 사람이 있는가?

□ '식중과지용자승'을 내 삶에 어떻게 적용하고 싶은가?

제26화 화려한 명함의 비밀

병귀승
兵貴勝

"우와 대단하네! 엄청난 사람이군."

"겁나네, 바쁜 사람이네."

"어떻게 이 많은 일을?"

내가 강연한 조찬모임에서 어떤 사람과 명함을 주고받았다. 그런데 입이 딱 벌어졌다. 명함이 온통 금색이다. 금색이야 본인의 취향이니 그럴 수 있다. 그런데 입이 벌어진 것은 그 때문이 아니다. 금색 명함에 적힌 직책이다. 빈틈도 없이 아주 빽빽하다. 슬쩍 뒤로 넘기니 뒤에도 빽빽하다. 얼핏 봐도 총재라는 직책만 세 개나 된다. 세계 회장이라는 직책도 두 개나 보인다. 엄청난 사람이다. 그런데 도대체 이 양반이 뭐 하는 사람인가? 실제로 하는 일이 뭔가? 헛갈리기 시작한다. 한 사람이 어떻게 이 많은 일을 할 수 있는가?

물론 그 어마어마한 직책들을 수행할 수도 있다. 그럴만한 사람이라면. 무조건 부정적인 선입관을 가지는 것도 좋지 않다. 그런데 내가 그동안 살아오면서 깨달은 것이 있다. 대체로 명함이 화려할수록 속은 비어 있다는 사실이다.

공직자의 명함은 아주 단순하다. 소속기관과 직책과 이름과 연락처가 전부다. 다른 내용은 넣을 수도 없다. 아니 넣을 필요도 없다. 내가 나사렛대학교 부총장을 할 때도 보면 그냥 '나사렛대학교 부총장'으로 끝난다. 학교에서 만들어준다. 실제로 다른 수식어가 필요치 않았다. 이렇게 소속이 확실하고 굳이 자기를 치장하며 보여줄 필요 없을 때는 명함이 단순하다.

문제는 소속된 기관이 없거나 소속이 애매할 때다. 그러면 어떻게 해서든 자기를 알려야 한다. 그래서 온갖 크고 작은 직책을 명함에 빽빽하게 새겨 넣는다. 일면 이해는 간다. 어쩔 수 없을 때는 그럴 수 있다.

내가 아는 지인은 이른바 '총재'다. 그것도 세계 총재다. 페이스북이나 다른 SNS에 글을 남길 때면 항상 마지막에 자기의 어마어마한 직책을 빼놓지 않는다. 일반적으로는 스스로 자기 직책을 쓰지 않는다. 예를 들어 내가 어떤 글을 남기면 그냥 그 글로 끝맺음을 하는 것이다. 자기의 직책까지 굳이 마지막에 써두지 않는다.

그리고 자기 이름 뒤에 스스로가 무슨 박사니 무슨 교수니 하는 직책도 쓰지 않는다. 남이 자기를 불러줄 때는 몰라도 자기 스스로는 그런 말을 쓰지 않는다. 이게 일반적인 정서다.

나는 잘 안다. 이 사람은 조직도 없고 실체도 없다는 것을, 사무직원 한 명도 없다. 그러니까 그냥 이름만 있는 세계조직이다. 그리고 이런 사람의 특징은 자기와 비슷한 사람끼리 모인다는 것이다. 유유상종이다. 같이 어울리는 사람을 보면 거의 다 세계 총재들이다. 총재가 아니면 상대를 하지 않는 듯하다. 그들이 하는 행사 이름도 거창하다. 세계 ○○○○대회 심지어 우주최강 대회도 있다. 참 재미있는 사람들이라는 생각이 든다. 그래서 한 번 웃는다. 속이 비면 겉이 요란하다. 대체로 맞다.

내가 미국지휘참모대학(CGSC)에 교환교수로 있을 때다. 세계 90여 나라의 고급장교들이 공부하는 곳이다. 학기가 시작되면 입학 행사를 한다. 학교본부 앞에서 예복을 입고 분열식을 하는 시간이 있다. 그런데 재미있는 것이 발견된다. 이름도 잘 모를 나라에서 온 장교의 예복일수록 화려하다는 것이다. 눈에 튀는 알록알록한 색에다 온갖 깃털로 치장하여 아주 화려하다. 그런데 미국을 비롯한 선진국일수록 아주 단순하다.

텔레비전에서 가끔 북한군 장교를 볼 때가 있다. 그들의 복장에 뭐가 붙어 있는가? 온통 훈장들이다. 그것도 한 개가 엄청나게 크다. 상의에 모자라 바지까지 치렁치렁 달린 모습도 본다. 저렇게 해서 제대로 걷기나 하겠는가? 속이 비어 있는 나라의 전형적인 모습이다.

손자병법 제2 작전 편에 '병귀승(兵貴勝)'이라는 말이 있다. 전쟁은 승리가 귀하다는 뜻으로 전쟁하는 목적을 분명히 하고 있다. 왜 전쟁을 하는가? 승리하기 위해서다. 다른 것은 필요 없다. 승리만 하면 된다. 승리하지 못할 것 같으면 처음부터 전쟁을 하지 말아야 한다. 승리 외에 다른 것에 관심을 가져서는 안 된다.

이것은 또 무엇을 의미하는가? 실속을 말한다. 전쟁을 하면 반드시 '승리'라는 '실속'을 차려야 한다는 말이다. 다른 거창한 수식은 필요 없다는 것이다. 요란 떨 것도 없다는 것이다. 그냥 승리만 하면 된다는 것이다. 그게 실속이다. 미군의 전투복 계급장을 보면 식별이 거의 불가능하다. 전투할 때 적이 식별하지 못하도록 하기 위해서다. 보란 듯이 계급장을 크게 하고 눈에 띄는 색을 했던 한국 군대가 뒤늦게 이를 인식하고 요즘은 미군을 따라 했다. 전투할 때 필요한 본질을 본 것이다.

빈 수레가 요란하다. 실속이 없으면 겉이 요란하다. 빈속을 다른 것으로 채우려는 심리 때문이다. 자신감이 떨어질수록 화장이 요란하다. 반지도 크고 목걸이도 크다. 반짝이 옷도 마다치 않는다. 온갖 명품으로 치장한다. 이런 사람은 남들이 자기에게 관심을 가져줄 때 행복감을 느낀다. 행복의 근원이 내 안에서가 아니라 다른 사람의 시선에 있다. 속이 비어서다.

최근에 헛웃음 나오는 뉴스가 나왔다. 현대제철에 근무하는 한 직원이 몰래 15억 원 상당의 니켈을 훔쳤다는 것이다. 그는 그 돈으로 호화 생활을 했다고 하는데, 그 호화 생활을 하는 모습을 SNS에 올렸다는 것이다. SNS에 올리다니? 그가 왜 이런 어리석은 짓을 했겠는가? 조용히 있었으면 들키지 않았을 텐데. 자랑하고 싶은 것이다. 자기가 어떤 사람인지 사람들에게 알리고 싶었던 것이다. 속이 비면 이렇게 된다. 속에서 채우지 못하면 밖에서 채우고자 하는 심리다.

실속 있는 사람은 오히려 조용하다. 젊은 사람은 화장 안 하고도 잘도 돌아다닌다. 제대로 된 학자는 자신을 선전하지 않는다. 진짜 부자는 티를 내지 않는다. 허름한 잠바 하나만 걸친다. 졸부는 차부터 바꾼다.

생활 손자병법 체크리스트

☐ 내 명함은 어떤가? 단순한가 아니면 요란한가?

☐ 겉만 보고 사람을 판단하지는 않는가?

☐ '병귀승'을 내 삶에 어떻게 적용하고 싶은가?

제27화 루키 송의진을 아는가?

숙능궁지
孰能窮之

"캬악 루키다!

"진짜 어디? 맞아, 루키야!"

"사인해 달라야지."

루키가 누군가? 루키? 개 이름? 아니면? 모르겠다. 그런데 청소년들이 난리다. 루키가 바로 앞에 있단다. 저마다 소리를 지르고 발까지 동동 구른다. 혹시 당신은 루키를 알고 있는가?

어느 주일, 평소처럼 교회에 갔다. 그런데 설교가 시작되자 목사님이 말한다. "의진이가 여기 왔네요. 우리 박수 한 번 쳐 줘요. 정말 수고했어요." 나는 영문도 모른 체 덩달아 박수를 쳤다. 무슨 일이 있었던 것 같다. 분위기를 보니까 그것도 대단한 일이 틀림없다.

그때까지만 해도 솔직히 송의진을 잘 몰랐다. 그냥 같은 교회 장로의 아들이었다. 그런데 그가 대단한 프로게이머였다. 그것도 바로 며칠 전에 2018 리그 오브 레전드 올스타전에서 최종 우승을 했던 '루키' 송의진이었다. 루키! 그야말로 세계 1위 게이머였다. 중국 IG에 소속되어 있었다.

예배를 마치고 계단에서 우연히 그를 만났다. 악수하며 수고했다고 격려했다.

게임이라고 하면 30여 년 전에 몇 번 해봤던 슈퍼마리오 게임밖에 모른다. 배관공 마리오가 톡톡 튀며 나가는 게임이다. 재미있었다. 그리고 지금까지 게임을 하지 않았다. 내가 아는 게임은 오직 슈퍼마리오다.

잠시 루키 송의진과 비교해보았다. 다른 비교는 의미가 없다. 단지 게임만 비교해보았다. 뭐라고 말해야 하나? 고민할 필요가 없다. 딱 한마디로 정리할 수 있다.

'차원이 다르다!'

우리는 가끔 이 말을 사용한다. 격차가 많이 날 때 사용하는 말이다. 살다 보면 아주 드물게 차원이 다른 사람과 만나지 않는가?

차원에 대해 조금 더 생각해 보자.

1차원은 선이다. 2차원은 평면이다. 3차원은 입체 공간이다. 재미있는 것은 아래 차원에서는 절대로 위 차원을 인식하지 못한다는 것이다. 예를 들면 2차원 평면에 있는 존재는 3차원 입체 공간에 있는 존재를 알 수 없다. 만약에 3차원 입체 공간을 알려면 그보다 높은 4차원에서 내려 봐야 가능하다.

그러니 차원이 다르면 알 수 없다. '차원이 다르다'라는 말이 그래서 나왔다.

양자역학의 발달로 차원의 이해도 많이 달라졌다. 4차원은 기본이고 5차원, 6차원, 심지어 11차원까지 말하고 있다. 영화 인터스텔라는 5차원과 끈 이론을 다루고 있다. 5차원과 끈 이론? 무슨 말인지 알겠는가?

『숨겨진 우주』를 지은 리사 랜들은 이런 말을 했다.

"우리의 감각은 오로지 커다란 3차원만 경험할 수 있기 때문에, 무한한 여분의 차원은 믿기가 어렵다. 하지만 보이지 않는 무한한 차원은 우주에 존재할 수 있는 수많은 가능성 중 하나이며, 왜 그러한지를 앞으로 이 책에서 보게 될 것이다."

그는 말하기를 3차원의 세계는 5차원 막에 매달린 물방울과 같다고 한다. 도대체 무슨 말을 하는 것인지? 그래서 '차원이 다르다'고 한다. 차원이 다르면 도무지 이해하지 못한다.

세계 최고의 프로게이머 루키 송의진이 하는 게임에 관련된 말을 내가 알아들을 수 있겠는가?

어그로, 순삭, 쉴드라는 말은 어디서 들어봤을지 모른다. 트롤? 탱커? 하드캐리? 힐러? 현피? 버프? 너프? 발컨? 딜러? 노라이퍼? 갱킹? 몇 개나 알겠는가? 조금 더 나가보자. MOBA? RTS? RPG? MMORPG? FPS? 어떤가?

손자병법 제5 병세 편에 '숙능궁지(孰能窮之)'라는 말이 있다. 누가 다 알 수 있으랴 라는 뜻이다.

차원이 다르면 알 수가 없다. 인간의 지식이 더해져 가면 그 끝도 알 수가 없다. 우리는 아는 것보다 모르는 것이 훨씬 더 많다. 알면 알수록 모르는 것이 더 많아진다. 모르고 있을 때는 그것이 다인 줄로 안다. 그래서 세상에서 제일 무서운 사람은 책을 딱 한 권만 읽은 사람이라는 말이 나왔다.

하나씩 알게 되면 모르는 것이 자꾸 나온다. 아는 것만큼 모른다. 어찌 게임의 세계뿐이랴. 인공지능을 비롯한 과학혁명, 디지털 혁명, 그 끝이 어디가 될지 누가 다 알 수 있으랴!

1992년 닐 스티븐슨은 소설 『스노우 크래쉬』에서 '메타버스'를 언급하며 3차원 가상 세계를 이야기했다. 오늘날 메타버스는 이미 대세가 되었다.

2018년에 스티븐 스필버그가 감독한 영화가 있다. 〈레디 플레이어 원〉이다. 많은 것을 생각하게 하는 게임 영화다. 사람들이 모두 게임에 빠져 살고 있다. 마지막 부분에 이런 장면이 나온다. 화요일과 목요일 이틀은 게임을 할 수 없도록 중앙에서 통제하는 장면이다. 적어도 그 이틀만큼은 현실에서 살도록 한 것이다. 이어지는 대사는 이렇다.

"현실만이 유일한 진짜니까."

어쩌면 언젠가는 모든 날을 가상현실 속에서 살게 될지도 모른다. 현실과 가상현실의 의미를 상실한 채 말이다. 소름 돋지 않는가?

인간은 과학을 만든다. 과학은 인간의 상상력에서 출발한다. 과학이 절대로 인간의 상상력을 따라잡을 수는 없다. 우리가 무엇을 상상하는가 하는 것은 곧 우리 인류가 어디로 가야 하는가를 결정해준다. 상상력이 미래다. 앞으로 우리의 관심은 눈앞에 있는 경쟁자가 아닐 것이다. 경쟁을 뛰어넘는 영역이 될 것이다. 적군도 아군도 존재하지 않는 공동의 영역이다. 초월의 영역이다. 예를 들면 자연환경의 보존, 우주와 미지의 세계에 대한 개척, 또 다른 N차 혁명, 후손을 위한 꿈과 비전의 실현 등이다. 경쟁을 뛰어넘는 이 영역은 지금과는 확실히 다른 차원이라 할 수 있다. '숙능궁지'다. 정말 어디까지 다 알 수 있을까?

생활 손자병법 체크리스트

□ 현재 즐기는 게임이 있는가? 무엇인가?

□ 인류의 미래가 어떻게 될 것으로 보는가?

□ '숙능궁지'를 내 삶에 어떻게 적용하고 싶은가?

제28화 암보다 더 무서운 암 공포증

치심
治心

"암에 걸리면 어떡해?"
"몸이 이상한데 암이 아닐까?"
"잠이 안 와! 어쩌지?"

엔도르핀 박사로 잘 알려진 이상구 박사의 이야기다. 그는 내과 의사로 미국에서 돈을 많이 벌었다. 요트도 사고 별장도 몇 개 사고 부러울 게 없었다. 어느 날 동창회에 갔다가 늦은 시간에 운전하며 집으로 가는 중이었다. 그런데 갑자기 걱정이 밀려왔다.

'죽으면 어떡하지? 만약 내가 죽으면 이 좋은 것들을 누릴 수가 없겠네? 암 걸리면 어떡하지?'

그에게 암 공포증이 찾아왔다. 그때부터 잠도 안 오고 밥맛도 떨어졌다. 점점 몸이 쇠약해져 갔다. 기관지천식, 십이지장궤양을 비롯하여 15개의 지병이 있었지만 그런 것보다 심각한 것이 암에 대한 공포였다. 공포를 떨쳐버리려고 의사가 오죽했으면 부적까지 지갑에 넣고 다녔을까? 그래도 두려움에서 벗어날 수 없었다. 그렇게 우여곡절 끝에 기독교를 만났고 비로소 마음의 평안을 찾을 수 있었다.

이상구 박사처럼 미래에 대한 걱정으로 매 순간 불안해하는 증상을 '램프증후군'이라 한다. 램프증후군이란 실제로 일어날 가능성이 없는 일에 대해 램프 요정 지니를 부르듯 수시로 생각하며 걱정하는 현상을 말한다.

'집에 불이 나면 어쩌지? 사업에 실패하면 어쩌지? 잘못되면 어쩌지? 암이면 어쩌지? 죽으면?'

램프증후군은 범불안장애에 속하는 정신과적 질환이다. 걱정을 담당하는 뇌 부위가 반복적으로 활성화되면 나중에는 자신도 모르게 그런 방향으로 생각하게 된다. 걱정이 꼬리를 무는 것이다.

과연 걱정이 얼마나 현실에서 일어날까? 물론 알 수는 없다. 젤린스키의 책 『모르고 사는 즐거움』에 보면 재미있는 통계가 나온다. 걱정의 40%는 절대 일어나지 않는다. 걱정의 30%는 이미 일어난 일이다. 걱정의 22%는 사소한 고민이다. 걱정의 4%는 우리의 힘으로는 어쩔 수 없다.

이를 보면 96%의 걱정은 실제로 일어나지 않거나 일어나도 별 의미가 없다. 걱정해서 걱정이 없어진다면 걱정할 게 없겠네.

그런데도 걱정하는 사람을 위해 두 가지를 제시한다.

첫째, 만약 걱정했던 일이 진짜 일어났다고 하자. 올 게 왔다며 당황할 거다. 닥친 일에 대해 어떻게든 처리하려고 할 거다. 가만히 보면 앞서 미리 걱정했던 시간까지 덤으로 힘이 든다. 닥칠 때 100만큼만 힘이 들어도 될 일을 미리 걱정하는 바람에 앞선 500까지 합해서 더 힘이 드는 것이다.

둘째, 다행히 걱정했던 일이 일어나지 않았다면 어떤가? 그동안 걱정한 것만큼 손해 봤다. 걱정하느라 얼마나 마음도 불안하고 몸도 상했는가. 그러니 걱정이 현실로 닥치기 전까지는 미리 앞당겨 걱정하지 말라는 것이다. 닥치면 닥치는 대로 또 길이 있다. 죽으라는 법은 없다. 결국, 그 또한 지나간다.

이상구 박사의 이야기에 주목할 것이 있다. 암에 대한 공포증이 생기면서 몸이 망가졌다는 사실이다. 생각과 몸은 긴밀하게 연결되어 있다는 것을 알 수 있다. 생각과 몸이 서로 영향을 준다는 사실은 이미 오래전부터 많은 연구를 통해 입증되었다.

지금 잠시 눈을 감고 신 레몬을 떠올려보자. 껍질을 까고 반으로 쪼개보자. 한 조각을 입에 넣자. 씹어보자. 잘근잘근 씹자. 물론 생각만 하는 거다. 어떤가? 조금씩 입에 침이 고이지 않는가? 아주 간단하지만, 생각과 몸이 연결되어 있다고 하는 작은 실험이다.

식사 전에 잠깐 하는 기도가 있다. "이 밥을 먹고 건강하게 해주세요." 이 짧은 기도에도 위장에 소화액이 더 나오고 몸에도 좋다고 한다.

프로선수들은 경기 전에 긍정의 자기암시를 많이 한다. 역도선수 장미란은 '들지 못하면 나에게 총알이 발사된다'고 암시한다. 어떤가? 당신도 이참에 힘을 주는 자기암시 하나 만들어 보면? '나는 최고다, 나는 잘났다, 잘 될 거야!'

손자병법 제7 군쟁 편에 '치심(治心)'이란 말이 있다. 마음을 다스리라는 뜻이다. 그리고 이어지는 말이 '치력(治力)'이다. 힘을 다스리라는 뜻이다.

몸과 마음은 같이 간다. 감기에 걸리면 마음도 약해진다. 몸 관리, 마음 관리 동시에 잘해야 한다. 우리가 걱정해서 달라지는 것은 없다. 성경 마태복음 6장 34절에 보면 이런 말이 있다.

"내일 일을 위하여 염려하지 말라. 내일 일은 내일이 염려할 것이요."

내일이란 말은 '나의 일'이 아니라 투모로우(tomorrow)다. 다시 말해 내일 일은 '내일'이라는 날이 하는 것이다. 사람의 손을 떠난 그 누군가

한다는 것이다. 여기에 하나의 힌트가 있다. 어쩔 수 없이 걱정해야 한다면 잘게 토막 내 하라는 것이다. 나중 것까지 미리 끌어와서 하지 말고 오늘은 오늘 토막만 하는 것이다.

극단적 선택을 한 사람들을 보면 많은 경우 '만약에 그 일이 일어난다면?' 하고 미리 걱정했다고 한다. 미리 걱정하게 되면 그 걱정은 상상력에 의해 점점 더 커진다. 가슴이 벌렁거리게 되고 주체할 수 없을 만큼 불안하게 된다. 진짜 끝났다는 생각이 든다. 더이상 방법이 없다는 생각이 든다. 그래서 극단적 선택까지 가는 것이다. 대부분 일어나지 않을 일을 미리 걱정하는 바람에 스스로 무덤을 파는 것이다. 절대로 미리 걱정하지 말자. 늘 좋은 생각을 하자. 걱정이 현실이 되더라도 그때가 되면 또 피할 길이 생긴다. 하늘이 무너져도 반드시 솟아날 구멍은 있기 마련이다.

"이 또한 지나가리라!"

그렇다. 지나간다. 이렇게 생각해보자. 이 걱정이 1년 후에도, 5년 후에도, 더 나아가 10년 후에도 있을까? 분명히 아닐 것이다. 반드시 지나간다.

"어제 내가 죽었다면?"

이렇게도 생각해보자. 그러면 오늘은 없다. 어떠한 걱정도 근심도 없는 것이다. 살아 있기에 걱정하는 것이다. 정말 힘이 들면 '어제 내가 죽었다면?'을 생각해보면 큰 도움이 된다.

생활 손자병법 체크리스트

□ 현재 무엇을 많이 걱정하고 있는가?

□ 미리 걱정하고 있는 것들이 있는가?

□ '치심'을 내 삶에 어떻게 적용하고 싶은가?

제29화 '머니머니'해도 돈?

취적지리자 화야
取敵之利者 貨也

"에이, 무슨… 돈이 뭐 중요해?"

"돈이 전부가 아니야, 돈은 그냥 돈이야."

"돈보다 중요한 게 많아. 돈돈 하지 마."

혹시 누가 이런 말을 하고 있는가? 바로 옆에 있다고? 그냥 꿀밤 한 대 날리기 바란다. 얄밉지 않은가? 괜찮다고? 그러면 됐다. 그런데 대부분의 사람은 돈이 소중하다. 돈 때문에 일을 하고 돈 때문에 자기 몸을 혹사한다. 하루 벌이하는 사람도 많다. 그날 하루 벌이를 못 하면 굶는 사람들이다. 고된 근무환경으로 죽는 사람도 많다. 택배 노동자들이 그렇다. 죽을지도 모르는 일에 왜 매달리는가? 돈 때문이다. 그놈의 돈 때문에 그렇게 죽기 살기로 일을 하는 것이다. 가끔 일가족이 극단적 선택을 했다는 뉴스를 접하게 된다. 오죽했으면 그랬을까 참 안타깝다. 다 돈 때문이다.

그렇게 잘 지냈던 친구도 돈 문제에 얽히면 하루아침에 원수가 된다. 그래서 가까운 사이일수록 돈거래 하지 말라고 하는 것이다. 부자간에도 보증은 서지 말라고 하지 않는가. 다 이유가 있다.

어쩌다 다른 사람이 큰 소리로 전화하는 소리를 듣게 되면 대부분 돈에 관한 이야기다.

"왜 자꾸 약속을 안 지켜! 또 그 소리야? 이번에는 가만 안 있을 거야! 맨날 내일이야!"

전부 돈 때문에 생기는 일이다. 그러니 돈 무시하지 마라.

가까이 지내지는 않지만, 가끔 소식을 듣는 선배가 있다. 그는 공직자였는데 아주 성실했다. 그런데 그 선배의 아내가 보통 사람이 아니었다. 돈 욕심도 많고 특히 자식들을 자신을 과시하는 용도로 생각했다. 그래서 무리를 해서 강남으로 이사했다. 이후 돈이 많이 드는 학교에 넣었고 그것 때문에 경제적으로 어려움을 겪었다. 허영심이 점점 심해져서 청담동 아니면 살지 않겠다고 남편을 압박했다. 결국, 또 무리해서 청담동에 아파트를 얻었다. 은행 빚이 쌓였다. 수입은 정해져 있는데 나가야 할 돈이 엄청났다.

세월이 많이 지난 지금 그 선배가 어떻게 사는지 궁금했다. 얼마 전에 어렵게 소식을 들었다. 이혼은 하지 않았지만 별거해서 산 지 십 년이 넘는다고 한다. 자식들도 남처럼 지내고 있다고 한다. 일 년에 한 번 찾아올까 말까 한단다. 그렇게 비싼 학교에 다니게 했고 나중에는 미국 유학까지 보냈지만 결국은 다 헛거였다는 것이다. 자신은 서울 외곽의 작은 도시에서 혼자 살고 있다고 한다. 자신의 처지를 생각하면 분통이 터져 잠도 잘 자지 못한다고 한다. 인생을 헛살았다는 것이다.

내가 보기에 그 선배가 크게 잘못했다. 아무리 아내가 돈을 요구하고 허영심을 채우고 싶어도 분명하게 선을 그어야 했다. 돈에 대한 개념이 잘못되었다. 그 대가로 가족을 다 잃은 것이다.

서점에 가보면 돈에 관한 책이 많다. 그렇게만 하면 돈을 벌 수 있다고 한다. 부자가 된다는 것이다. 정말 그렇게만 된다면 얼마나 좋을까? 그런데 아무리 그런 책이 있어도 부자가 되는 사람은 따로 있다. 책대로 부자가 된다면 부자가 아닌 사람이 얼마나 될까?

손자병법 제2 작전 편에 '취적지리자 화야(取敵之利者 貨也)'라는 말이 있다. 적에게 이익을 취했으면 돈을 주라는 뜻이다. 전쟁을 잘하게 하는 방법이다. 열심히 싸우고 전리품을 취했으면 그에 맞는 돈을 주는 것이다. 그러면 다음 전쟁에서도 열심히 싸우게 된다.

성과급이 있다. 열심히 일해서 이익을 많이 남겼다. 그러면 임직원들에게 공평하게 돈을 나눠주는 것이다. 성과급을 아끼거나 불공평하게 지급을 한다면 의욕을 떨어뜨린다. 열심히 일을 한 사람이나 그저 시간만 때운 사람의 대우가 같다면 누가 열심히 일하겠는가? 내 둘째 아들은 이른바 국내 최고의 대기업에 다닌다. 그런데 가끔 만나면 속에 있는 불만을 털어놓는다. 회사가 아주 잘못하고 있다고 한다. 다른 계열의 회사 동기를 보면 성과급을 많이 받는다고 한다. 그런데 유독 자기 회사는 성과급이 없다는 것이다. 있더라도 아주 적다는 것이다. 그래서 열심히 일할 마음이 없다고 한다.

확실히 돈은 사람을 움직이는 힘이 있다. 그냥 일을 부탁할 때와 단돈 만원이라도 주고 부탁할 때는 일하는 속도와 질이 다르다. 돈의 힘이다. 주머니에 돈이 있으면 그냥 힘이 난다. 그런데 주머니에 돈이 없으면 왠지 힘이 빠진다.

돈은 그렇게 사람을 갖고 논다. 사람이 돈을 갖고 놀아야지 돈이 사람을 갖고 놀면 되겠나. 돈은 양면성이 있다. 앞면은 천사요 뒷면은 악마다. 어느 쪽을 쓰느냐에 따라 많은 것이 달라진다. 대체로 복권 당첨자들의 말로가 좋지 않은 것은 돈을 잘 못 쓰기 때문이다. 돈 때문에 자신도 망치고 가족과 친구 관계도 망치는 것이다. 그래서 성경에도 돈을 사랑하는 것이 일만 악의 뿌리가 된다고 했다(딤전6:10).

대체 불가능할 정도로 강력한 힘을 가진 돈이란 도대체 뭔가? 분명한 것은 결코 돈의 노예가 되지 말고 돈의 주인이 되어야 한다는 것이다. 그렇게 되기 위해서는 돈에 대한 개념을 정확히 해야 한다. 어떻게 벌어야 하는 것도 중요하지만 어떻게 써야 하는지를 명확히 해야 한다. 주식회사 미래보가 있다. 반도체 생산을 하는 회사다. 대기업은 아니지만 아주 견실한 기업이다. 조재효 사장은 내가 만난 사람 중에 매우 특별한 사람이다. 그는 생각이 아주 깊고, 의미 있는 일에 베풀기를 주저하지 않는다. 개인적으로도 많은 도움을 받고 있다. 조재효 사장을 생각할 때마다 돈이란 그렇게 쓰는 것이라는 생각을 하게 된다. 땀 흘려 번 돈이 아깝지 않은 사람이 어디 있겠는가. 의미있는 일에 베푸는 삶. 이런 사람이 이 사회에 많아진다면 세상은 조금이라도 더 좋아질 것이 분명하다. 그래서 우울한 세상에 작은 희망을 가져보는 것이다.

당신에게 돈은 무엇인가? 진지한 고민이 필요하다.

생활 손자병법 체크리스트

□ 부자가 되고 싶은가? 왜 되고 싶은가?

□ 돈은 내게 어떤 의미인가?

□ '취적지리자화야'를 내 삶에 어떻게 적용하고 싶은가?

제30화 피시방 사장과 라면

이
利

"돈이 될까? 시간만 낭비하는 게 아닐까?"
"내게 무슨 이익이 있을까? 남는 게 뭐야?"
"해? 말아?"

페이스북에 아주 솔직한 글이 하나 올라와 있다. 피시방을 운영하는 자영업자의 글이다. 나름 학생들의 논술 과외도 짬짬이 하는 엘리트다. 그런데 먹고 살기 위해서 주업으로 피시방을 운영하고 있다. 스스로 아주 지독한 현실주의자라고 말한다. 뭘 하더라도 돈하고 연결하기 때문이란다.

그는 돈이 될까? 안 될까? 판단하고 돈이 안 되면 하지를 않는다. 손님이 찾아오면 그 사람에게서 나올 수 있는 돈부터 계산한다. 게임을 하면서 라면을 몇 개나 먹을지도 계산한다. 그는 이런 자신을 지독한 현실주의자라고 하는 것이다. 특히 코로나 19에 직격탄을 맞은 자영업자로서는 그럴 수밖에 없다고 했다. 세금 내야지, 임대료 내야지, 아르바이트생 임금 줘야지. 이것저것 다 떼고 남은 쥐꼬리만 한 돈으로 아기 분유도 사야지. 이 얼마나 빠듯한가!

과연 현실주의가 나쁜가?

도대체 현실주의가 뭔가? 현실주의는 가능 세계와 반대되는 개념이다. 어떤 막연한 가능성에 근거를 두는 것이 아니라 실제 현실에 존재하는 것에 근거를 둔다. 말이 어려운데 예를 들면 이렇다. 주사위 두 개를 던질 때 나올 수 있는 36개의 가능한 결과가 가능 세계라면, 1/36의 확률로 실제 나오는 두 면은 현실 세계라 할 수 있다. 현실주의자인 아담스는 가능 세계는 현실 세계에서 구성한 소설에 불과하다고 말했다. 직접 눈 앞에 펼쳐진 현실만이 진짜 현실이라는 것이다. 이것저것 가능하다고 생각하는 것들을 상상해서 내 앞에 잔뜩 널어놔 봐야 소용없으며 뜬구름 잡는 이야기라는 것이다.

내가 아는 어떤 사람은 가능 세계에 푹 빠져 살고 있다. 온갖 걱정은 혼자 다 한다.

"지구온난화를 막아야 합니다, 일본 후쿠시마 원전 문제를 해결해야 합니다, 북극곰을 보호해야 합니다, 우리 후손에게 건강한 먹거리를 제공해야 합니다."

오로지 그의 생각은 지구를 살리는 것이다. 세계를 살리는 것이다. 물론 그의 뜻은 훌륭하다. 훌륭함을 넘어서 위대할 정도다. 누가 그런 생각을 하겠는가?

그런데 문제가 있다. 집에 돈을 가져다주지 않는다는 것이다. 아내가 죽는소리해도 소용없다. 세 아이가 있는데 첫째 아이는 다니던 학교도 접었다.

내가 언젠가 그를 만나 이런 말을 했다.

"작작 좀 싸돌아다니고 마누라 돈이나 좀 갖다 줘!"

손자병법 제12 화공 편에 '비리부동(非利不動)'이라는 말이 있다. 이익이 되지 않으면 움직이지 말라는 뜻이다.

손자병법에는 이(利)라는 말이 52번이나 나온다. 그만큼 이익을 중요시하고 있다.

전쟁은 이익이 있다고 확신이 설 때 하는 것이다. 그리고 전쟁을 했다면 반드시 이익을 얻어야 한다. 사업도 마찬가지다. 확실히 이익이 있다고 확신이 설 때 하는 것이다. 그리고 사업을 했다면 반드시 이익을 얻어야 한다. 그저 '가능' 차원이 아니다. '현실' 차원이다.

이익에 대해 깊이 다룬 책이 『한비자』다. 『한비자』는 인간은 이익을 탐하는 존재라고 잘라 말한다. 진시황이 이 책을 읽고 감동해서 "이 사람을 한 번 만나 이야기를 나눌 수 있다면 죽어도 여한이 없겠다"고 말했다. 제갈공명은 유비의 아들 유선이 황태자로 책봉될 때 이 책을 읽으라고 권했다.

군주는 자기의 이익을 계산해서 신하를 대한다. 신하도 자기의 이익을 계산해서 군주를 섬긴다. 장의사는 사람들이 많이 죽기를 바란다. 그래야 관을 많이 팔기 때문이다. 심지어 부모와 자식 관계도 이익관계로 본다.

이렇게 사람을 움직이는 동인을 '이익'으로 봤다. 이 주장에 다 동의하는 것은 아니지만 그렇다고 전적으로 부인하지도 않는다.

한 번 생각해 보자. 누가 내게 전화를 했다. 어디서 몇 시에 만나자고 한다. 그러면 당신은 어떤 계산을 하는가? 물론 만나는 사람에 따라 다르다. 하지만 대체로 계산을 하게 된다.

가는 시간, 이야기하는 시간, 돌아오는 시간을 셈한다. 그리고 밥을 먹게 되면 밥값은? 커피는 누가 사? 대충 계산해도 5만 원은 나가겠다며 번개 같은 속도로 시간 계산, 돈 계산을 끝낸다. 그리고 마지막으로 생각한다. '내가 이 사람과 만나 무슨 이익이 있을까?' 결론은 '이익'이다. 이익에 대한 확신이 서지 않으면 대답한다.

"아, 하필 그 시간에 제가 지방 출장이 있어요. 다음에 만나면 어때요?"

이익을 추구하는 행위를 나쁘게 볼 수 없다. 이익이 있어야 아이의 분유도 산다. 가끔 아내와 외식도 한다. 기부도 가능하다. 그 좋은 기부도 현실적으로 돈이 있어야 가능하다. 이익이 없고 손해만 있다면 누가 열심히 일하겠는가? 이익을 추구한다고 해서 지독한 현실주의자라고 폄하해서는 안 된다. 현실주의가 이기주의는 아니다. 우리는 뜬구름 잡는 가능성에 목매지 않고 냉엄한 현실에 뿌리 박고 사는 현실주의자다.

문제는 자기의 이익만을 위해 남을 속이거나 나쁘게 이용하거나 짓밟는 행위다. 오죽하면 『사람은 들키지만 않으면 악마도 된다』는 책이 나왔을까?

생활 손자병법 체크리스트

□ 나는 누구를 만날 때 이익을 계산하는가?

□ 나는 현실주의자인가?

□ '비리부동'을 내 삶에 어떻게 적용하고 싶은가?

勝

승

제31화 돌아가도 괜찮아

우직지계
迂直之計

"돌아가 주십시오! 부탁드립니다!"

"돌아가 주세요! 제발 부탁합니다!"

무슨 말 같은가? 누구에게 간곡하게 부탁하고 있는 듯하다. 내용을 보니 돌아가라고 한다. 왔던 길로 다시 가라고 부탁한다. 절박함이 묻어 있다.

도대체 이게 무슨 말인지 궁금할 것 같다. 이 말은 다른 사람도 아니고 내가 직접 했던 말이다.

나는 어쩌다가 1980년 5·18 광주 민주화운동에 직접 참여하게 되었다. 1979년에 육군사관학교를 졸업하고 첫 부임지가 전라남도 강진에 있는 대대였다. 5·18이 일어났던 당시는 중위로 진급했지만, 여전히 소대장을 하고 있었다. 광주에서는 그야말로 아비규환의 상황이 계속되고 있었다. 그런데 내게도 명령이 떨어졌다. 무장을 한 사람들이 군용트럭을 타고 장흥에 있는 교도소로 간다며, 빨리 가서 이들을 왔던 길로 돌려보내라는 명령이다.

급하게 병력을 모았다. 후방부대라서 제대로 된 편제가 아니었다. 트럭 한 대에 태우니 25명이었다. 물론 무장을 했다. 첩보에 의하면 그들도 총을 들었고 대략 25명이었다. 나는 차를 몰아 장흥교도소로 연결되는 도로로 달려갔다. 비포장도로였다.

도로 적당한 곳에 차를 세운 뒤에 나는 심각한 고민에 빠졌다. 저들의 정체는 알 수 없다. 분명한 것은 저들도 총을 들었다는 사실이다. 만약에 정면으로 서로 마주치게 되면 자칫 큰일 날 수 있다. 감정이 격화되면 서로에게 총을 쏠 수 있다. 그러면 운이 나쁜 경우 50명이 다 죽을 수도 있다.

나는 순간 냉정하게 판단했다. 정면충돌은 아니다. 정면충돌은 피해야 한다. 그래서 부하들에게 명령을 내렸다.

"두 편으로 나눠 양쪽 언덕으로 올라가라! 총 쏠 준비를 하여라. 여기는 나 혼자 지키겠다. 내가 그들을 설득해보겠다."

부하들이 올라가려고 하지 않았다. 소대장을 혼자 남겨두면 죽을 수도 있기 때문이다. 큰소리를 쳐서 겨우 그들을 올려보냈다. 눈물을 훔치는 놈도 보였다.

혼자 남았다.

총도 부하들에게 건네주었고 철모도 건네주었다. 완전한 비무장 상태였다. 대략 5분이 지났을까? 과연 그들이 군용트럭을 타고 내 앞에 나타났다. 급히 나를 발견하고 급정거를 해서 덜커덩하고 섰다. 과연 머리에 띠를 두르고 총을 들고 있었다. 바로 코 앞이다. 트럭을 가로막고 내가 부탁했다.

"죄송합니다. 저는 이 지역을 지키는 소대장입니다. 저의 임무는 여러분을 다시 돌려보내는 겁니다. 돌아가 주십시오! 제발 부탁드립니다!"

그 뒤의 내용은 생략한다. 결론적으로 그들은 왔던 길로 다시 돌아갔다. 내 부하도 다 살았고, 그들도 다 살았다. 물론 나도 살았다. 만약에 부하들과 함께 정면으로 부딪쳤다면 어떤 일이 일어났을까? 생각만 해도 아찔하다. 모두가 부딪치는 정면충돌이 아니라 나 혼자 설득하는, 돌아가는 길을 택한 것이다.

손자병법 제7 군쟁 편에 '우직지계(迂直之計)'라는 말이 있다. 돌아가는 것으로 직행을 삼는 계라는 뜻이다.

돌아간다고 해서 늦게 가는 것이 아니다. 돌아가더라도 나중에 보면 빨리 갈 수 있다는 의미이다. 명절의 귀성길을 생각해 보자. 자, 고속도로는 분명히 직행할 수 있는 길이다. 그런데 사람들이 워낙 많다. 그래

서 비록 돌아가지만, 국도를 탄다. 결과적으로 보면 더 빨리 고향에 도착하게 된다. 여러분도 경험하지 않았는가? 이것이 우직지계다.

내게 손자병법을 배웠던 제자가 알려온 승전보를 하나 소개하겠다. 아이가 둘이 있는 전업주부다. 결혼 전에는 작은 회사에 다녔었다. 그때 내게 손자병법을 배웠다. 이 여성이 결혼했다. 남편은 공무원이었다. 워낙 고지식했다. 그래서 그동안 가족과 함께 그 흔한 제주도 여행도 못했다. 아이들이 더 크기 전에 가봐야겠다고 생각했다.

그래서 머리를 썼다. 처음부터 제주도에 가자고 하면 절대로 허락하지 않을 거라 판단했다. 남편이 좋아하는 삼겹살을 먹인 후에 이렇게 말했다.

"여보, 우리 이번에 큰맘 먹고 유럽에 한 번 다녀와요."

"더위 먹었나?"

역시 안되었다. 다시 일주일이 지났다.

"여보, 아무래도 우리 형편에 유럽은 그렇고 가까운 일본이나 다녀와요."

"국이 왜 이리 짜나?"

다시 일주일이 지났다.

"여보, 일본도 그렇죠? 그러면 제주도는 어때요?",

"오늘은 간이 맞네."

그래서 가족 모두 다녀왔다고 한다. 처음부터 제주도라 했으면 갈 수 있었겠는가? 이것이 우직지계다. 빙빙 돌아가는 듯하지만 그게 빠른 길이다.

우직지계의 또 다른 교훈이 있다. 양보하고 배려하는 삶이다. 가끔 손해도 보고 뒤로 물러설 줄도 아는 삶이다. 사업을 할 때도 사술을 쓰지 않고 바른길, 즉 정도로 경영하는 것이 중요하다. 정도경영!

유대인은 사람이 죽으면 반드시 하나님 앞에 심판을 받는다고 믿는다. 그때 첫 번째 질문이 "비즈니스를 정직하게 했느냐?"라고 한다. 원산지도 속여가며 이익을 남기는 세상에 경종을 울리는 뜨끔한 말이 아닐 수 없다. 유대인은 '티쿤 올람'을 마음에 새긴다고 한다. 세상을 더 나은 곳으로 만든다는 뜻이다. 양보하고, 배려하며, 정직하게 살아가려는 우직지계의 깊은 뜻을 새긴다면 우리도 우리 삶의 모든 영역에서 '티쿤 올람'이 가능할 것이다.

생활 손자병법 체크리스트

□ 나는 주로 정면충돌을 선호하는 편인가?

□ 양보하고 배려하는 삶을 살고 있는가?

□ '우직지계'를 내 삶에 어떻게 적용하고 싶은가?

제32화 욱하는 성질 죽이기

분속가모
忿速可侮

"이거밖에 못 해? 이게 보고서야? 뭐 하자는 거야?"
"진짜 돌아버리겠네! 쪽박 차고 싶어? 에라이!"

이런 말을 들어본 적이 있는가? 그것도 가끔이 아니라 아주 자주. 무슨 상황인 것 같은가? 그렇다. 어느 회사에서 일어난 일이다. 누군가 지금 엄청 깨지고 있다. 뭔가 아주 잘못했는가 보다.

자꾸 내 아들 이야기를 해서 그렇지만 또 해야겠다. 내 아들이 그렇다는 것이 아니고 내 아들의 친구 이야기다. 누가 봐도 최고의 회사에 다니고 있다. 남들이 부러워하는 회사다. 그런데 요즘 그 좋은 회사를 때려치우고 싶다고 한다.

"못 견디겠어. 더 참기 어려워."

그 친구는 미국에서 오랫동안 공부를 한 유학파다. 영어는 완벽하게 하고 인물도 출중하다. 여러 번 저 멀리 중동 건설 현장에 파견되어 실무경험도 많고 성실하며 착하다. 회사에서 그 능력을 인정도 받아 진급도 했다. 그것도 일차 진급.

그런데 문제가 생겼다. 윗사람이 바뀐 것이다. 회사나 군대 같은 조직에서는 상사가 어떤 사람인가에 따라 한순간 천국과 지옥이 오간다. 바뀐 친구의 상사는 성격이 아주 괴팍하고 감정의 변화가 심하다고 한다.

조금만 무슨 일이 생기면 참지 못하고 소리를 질러댄다. 그 상사 앞에만 서면 늘 작아지고 불안 불안하다고 한다. 무슨 말이 튀어나올지 모르기 때문이다. 주변 사람들도 어떻게 저런 사람이 그 자리까지 올라갔는지 모르겠다고 혀를 찬다. 그런데 이런 사람의 특징이 있다. 오히려 이런 사람일수록 그 윗사람에게는 더 잘하고 인정받는다는 것이다.

"주인의식을 가져!" 이런 말도 자주 한다. 주인의식? 말도 안 되는 소리다. 절대로 직원은 주인의식을 가질 수 없다. 주인은 주인이고 직원은 그냥 직원이다. 가족 같은 회사? 가족은 회사에 있지 않고 집에 있다.

욱하고 소리를 지르는 상사를 생각하면 아침에 눈도 뜨기 싫다고 한다.

이 이야기를 들으면 어떤 생각이 드는가? 먼 나라 이야기로 들린다면 당신은 지금 아주 괜찮은 회사에 다니고 있는 거다. 아들 친구의 이야기지만 지금 이런 사람들 때문에 회사를 그만두는 사람이 많다.

직장인이 회사를 그만둔 이유를 분석한 자료가 있다. 벼룩시장이 퇴사한 직장인 1,160명을 대상으로 설문 조사한 결과다. 나이에 따라 차이가 난다. 20대부터 40대까지는 '만족스럽지 못한 급여'가 17.8%로 1위였다. 그리고 적성에 맞지 않는 업무(14.8%), 회사 측의 퇴사 압박(14.6%) 순이다. 50대의 경우는 회사 측의 퇴사 압박이 28.6%로 가장 많았다. 50세가 되면 갈 곳이 없다.

1위가 뭐였나? 돈이다. 급여가 마음에 들지 않아서 퇴사한다는 것이다. 당연히 그럴 수 있다.

그런데 이 결과들은 공식적으로 드러난 결과다. 또 다른 진짜 퇴사 이유가 있었다. 누구에게 말도 못하고 속에 꼭꼭 숨긴 진짜 퇴사 이유다.

2020년에 잡코리아와 알바몬이 공동으로 직장인 2,288명을 대상으로 설문조사를 했다. 그런데 52%가 속에 있는 진짜 퇴사 이유를 말하지 않았다고 한다. 그중에 39%가 평소 친분이 있는 상사나 동료에게 말했고, 22%는 아무에게도 말하지 않았다고 한다. 그러면 퇴사의 진짜 이유가 뭘까?

상사, 동료와의 갈등이다.

65.7%를 차지할 만큼 많은 비중을 차지했다. 이런 갈등으로 회사를 떠날 때 그 사유로 36%가 '일신상의 사유'라 적어냈다.

보통 때는 괜찮은 사람 같아 보이는데 일만 하면 괴물로 변하는 사람을 일명 '또라이'라고 부른다. 또라이가 많은 회사는 직원들의 얼굴에 웃음기가 없다. 뭘 하더라도 눈치를 본다. 또라이 기분 맞추는 일이 일과가 되어 버린다. 그리고 아침에 눈을 뜨면 그 또라이 얼굴이 생각나서 회사 가기 싫어진다. 하루에도 두 번 정도는 퇴사를 고민한다.

손자병법 제8 구변 편에 '분속가모(忿速可侮)'라는 말이 있다. 화를 급히 내면 가히 모멸을 당한다는 뜻이다.

욱하면 좋지 않다는 거다. 욱하는 사람들이 의외로 많다. 조금만 마음에 안 들어도 욱! 그냥 습관적으로 욱! 본인이야 욱하고 끝내면 되겠지만, 그것을 받아들여야 하는 사람은 어떻겠는가. 뒤끝이 없다고? 사람들은 '저렇게 욱해도 뒤끝은 없는 사람이야'라고 말하지만 웃기는 소리 하지 마라. 던지는 돌에 머리가 터져 죽는 개구리도 있다. 자꾸 욱하다가는 삼국지의 장비처럼 부하들에게 죽는 수가 있다. 너만 성질 있냐?

얼마 전에 뉴스로 나온 황당한 사건이 있다. 사람을 죽였는데 그 이유가 참 황당하다. 자신을 무시하는 눈빛으로 쳐다봤다는 것이다. 그 순간을 이기지 못해 그냥 칼로 찔렀다는 것이다. 이런 일이 요즘 들어 부쩍 자주 일어나는 이유가 뭘까? 사회적인 원인이 있을 것이다. 코로나 팬데믹으로 모두가 불안하다. 어렵고 힘들다. 그러다 보니 조금만 자극해도 참지를 못한다. 한순간 '욱'하면서 일을 저지르는 것이다. 모두가 조심해야 하는 때를 살고 있다. 살얼음판을 걷는 것과 같다. 지뢰밭을 지나는 것과 같다. 어디서 깨질지, 어디서 터질지 모른다. 그러니 서로서로 조심하는 것이 좋다. 우선 나부터 '욱'하지 않도록 애써야 한다. 그리고 상대방에게도 '욱'하는 계기를 주지 않도록 애써야 한다. '욱'하게 되면 모두가 피곤하고, 모두가 잘못될 수 있다.

그래서 급히 처방을 내려본다. 오랫동안 검증된 아주 효과적인 방법이다. 욱하는 마음이 올라오면 '3초'를 세라. 이른바 '3초 법칙'이다.

욱! "1초, 2초, 3초"

적어도 정상적인 사람이라면 욱하는 마음이 가라앉는다. 만약에 그래도 욱이 올라온다면 한 번 더 3초를 세라. 짧은 3초가 어쩌면 당신의 인생을 바꿔 줄 수도 있다. 욱하다가 큰집에 가 있는 사람들이 아주 많다.

잊지 말자. 3초!

생활 손자병법 체크리스트

□ 당신은 욱하는 편인가?

□ 혹시 당신은 직장에서 또라이가 아닌가?

□ '분속가모'를 내 삶에 어떻게 적용하고 싶은가?

제33화 공짜로 우주 비행선 타기

아전이적분

我專而敵分

"우와! 대단하네, 역시!"

"속이 다 후련하다."

"학 같아, 학익진이야! 역시 이순신이야!"

그렇다. 여러분은 지금 이순신이 펼친 한산대첩 장면을 보고 있다. 멋지게 학익진이 펼쳐지며 일본함대가 박살 나고 있다. 간만에 속이 후련해진다.

학익진의 특징은 전선의 완전한 집중을 통해 화력의 위력을 최대로 이용하는 것이다. 집중의 힘이다.

집중의 힘을 아주 잘 이용했던 사람이 이순신이다. 한산대첩은 집중의 힘을 가장 잘 보여준 대표적인 해전이다. 학익진은 본래 육군의 진법이었다. 그리고 일본에서도 전국시대 때 육지에서 학익진을 펼치곤 했었다. 육지의 학익진을 이순신이 바다에서 펼친 것이다. 파격적인 발상! 일본군이 얼마나 놀랐겠는가!

1905년 일본의 해군 제독 도고 헤이하치로는 이순신의 학익진을 벤치마킹해서 그 유명한 쓰시마 해전에서 승리했다. 그가 사용했던 전법은 정자(丁字) 전법으로 알려져 있는데 집중의 힘을 잘 이용한 것이다.

분명히 집중하면 그렇지 않을 때보다 훨씬 힘이 더 세진다. 집중의 힘을 과학적으로 연구한 사람이 있다. 란체스터라는 영국의 항공공학자다. 그는 제1차 세계대전 중에 영국의 항공기를 관찰하면서 전투행위의 결과를 수로 모형화하여 수학적 모델로 제시했다.

그가 발표한 내용에 따르면 이렇다. 쌍방 간의 전투력은 단순히 개체의 숫자가 아닌 그 숫자의 제곱에 비례한다는 것이다. 이를 두고 란체스터의 제곱 법칙이라 한다. 그래서 숫자가 N배만큼 많은 적과 대등하게 싸우기 위해서는 N의 제곱만큼의 화력의 질을 높여야 한다는 법칙이다. 이해는 되지만 살짝 헛갈리기도 하고 복잡하다.

결론은 이렇다. 집중하면 산술적인 힘보다 훨씬 더 많은 힘이 생긴다는 것이다. 이것만 알아도 된다.

무슨 일을 하더라도 집중해야 한다. 집중할 때보다 큰 힘이 생긴다.

손자병법 제6 허실 편에 '아전이적분(我專而敵分)'이라는 말이 있다. 나는 오로지 집중하고 적은 분산시킨다는 뜻이다.

이어지는 어구는 이렇다. '내가 오로지 하나로 집중하면 적은 열로 분산하는 것과 같다. 그렇게 되면 나는 열로써 하나를 공격하는 셈이 된다.' 집중의 힘을 잘 말해주고 있다.

집중의 힘은 두 가지로 설명할 수 있다. 물리적인 집중과 정신적인 집중이다.

물리적인 집중은 말 그대로 눈에 보이는 것을 집중하는 것이다. 전쟁을 하면 병력과 무기를 집중하는 것이다. 사업을 하면 돈과 인력을 집중하는 것이다. 어디에 어떤 자원을 집중할 것인가를 정하기도 쉽지 않다. 때를 놓치지 않고 필요한 자원을 집중하게 되면 성공할 확률이 그만큼 높아진다. 집중하면서 동시에 무엇을 버릴 것인가도 함께 고민해야 한다.

정신적인 집중은 말 그대로 생각을 집중하는 것이다. 공부할 때는 생각을 집중해야 한다. 정신일도하사불성(精神一到何事不成)이라는 말이 있다. 정신을 한 곳으로 모으면 무슨 일이라도 이루어진다는 뜻이다. 그만큼 집중의 힘은 대단하다. 공부 잘하는 학생과 그렇지 못한 학생의 차이는 집중을 잘하느냐 못하느냐의 차이다. 산만하면 뭐 하나 제대로 이룰 수 없다.

사람이 가진 시간과 자원은 한계가 있다. 그렇기에 우리는 살아가면서 무엇에 '집중'할 것인가를 잘 분별해야 한다. 잘 집중하기 위해서는 잘 버릴 줄도 알아야 한다. 모든 방면에 다 집중할 수 없기 때문이다. 나이가 들면서 해야 할 일은 무엇을 버릴 것인가를 생각하고, 실제로 버려 나가는 것이다. 욕심도 버리고, 의미 없는 일에 시간을 보내거나, 돈을 지출하는 것도 버려야 한다. 인생은 생각보다 짧다. 의미 있고 가치 있는 일에 온전히 집중하고 살아도 부족한 것이 우리네 인생이다.

정신적인 집중의 또 다른 하나는 꿈을 가지는 것이다. 꿈은 삶의 방향이다. 방향이 잡히면 집중할 수 있다. 꿈이 있는 사람이 확실히 큰일을 해낸다. 그냥 되는 대로 사는 사람이 큰일을 해내는 예는 없다. 뭔가 의미 있는 인생을 위해서는 꿈을 가져야 하고, 그 꿈을 이루기 위해서는 꿈을 향해 역량을 집중해야 한다.

2021년 7월 11일 오전 8시 40분 영국의 억만장자 리처드 브랜슨을 태운 우주 비행선 VSS 유니티가 우주로 날았다. 브랜슨을 포함한 6명의 탑승원은 지구 상공 86㎞에서 4분 동안 미세중력 상태를 체험했다. 이때 브랜슨은 이런 말을 했다.

"모든 어린이 여러분, 나도 별을 보며 꿈을 키운 어린이였다. 이제 어른이 돼 우주선에서 아름다운 지구를 내려다보고 있다. 여러분도 할 수 있는 것을 상상하라."

브랜슨은 분명한 꿈을 가졌다. 우주를 여행하는 꿈이었다. 남들은 비웃었다. 그러나 그는 그 꿈을 향해 '집중'했다. 그리고 마침내 성공했다.

꿈이 없이도 그저 열심히 자기가 좋아하는 일을 하다 보면 원하는 것을 얻을 수 있다. 물론 그렇게 사는 것도 좋다. 그렇지만 뭔가 사람들에게 도움이 되고 나아가 인류 역사에 흔적을 남기려면 반드시 그러한 꿈이 있어야 한다. 사람은 그가 가진 꿈의 크기와 종류만큼 위대해질 수 있다. 꿈을 보면 그 사람을 알 수 있다. 꿈은 바뀔 수 있다. 당연하다. 바뀌면 또 새로운 꿈을 간직하면 된다. 꿈은 이루어지는 것도 좋지만 이루어지지 않더라도 꿈을 가진 그 자체가 좋은 것이다. 꿈을 이루는 그 과정이 행복한 것이다. 그 꿈을 향해 시간과 노력을 '집중'할 수 있다. 그러니 꼭 꿈을 갖기 바란다. 당신에게 질문한다. "꿈이 있습니까?"

자, 이제 우주 비행선을 탈 시간이다. 아무리 적게 들어도 대략 5억7천만 원이 든다. 이 돈이 있으면 바로 예약하기 바란다. 없다면? 일단 꿈을 꾸라. "공짜로 우주 비행선을 타고 싶다." 혹시 아는가? 100세 기념 공짜 경로석이 나올지. 생각날 때마다 이렇게 외치자. "꿈은 이루어진다!"

생활 손자병법 체크리스트

□ 지금 집중하고 있는 것이 무엇인가?

□ 꿈이 있는가? 있다면 적어보라. 없다면 지금 만들어 보자.

□ '아전이적분'을 내 삶에 어떻게 적용하고 싶은가?

제34화 방탄소년단에게 던진 도전장

제승지형
制勝之形

"○○투자금융에 넣자. ○○증권에도 넣자."
"○○주식 사두자. 가상화폐? 생각 좀 해보고."
"작은 아파트 하나 사 두자."

무슨 소리 같은가? 딱 들어보면 재테크하는 소리다. 재테크를 잘하는 사람은 어느 한 곳에 몰아 투자하지 않는다. 가진 자산을 잘 쪼개서 이리저리 수익이 날 만한 곳에 투자한다. 어느 하나가 잘못되더라도 전체에 큰 영향을 주지 않도록 한다. 아주 세심하게 돈을 굴린다. 심지어 자면서도 돈을 버는 시스템소득에도 관심이 많다. 수익의 연결고리를 잔뜩 만든다.

어디 재테크뿐이겠는가? 성공하기 위해서 사람들은 다각도로 머리를 쓴다. 그냥 단순한 한 가지로 승부를 거는 법이 없다. 물론 대대로 이어져 내려오는 가게는 장인정신을 고수하며 한 가지를 고집하기도 한다. 그러나 그런 가게는 전체로 볼 때 극히 일부에 지나지 않는다.

제4차 산업혁명의 여파로 세상은 더욱 다각화되었다. 어디로 튈지도 모른다. 옛날 방식이 더 먹히지 않는다. 하나로 승부를 걸던 시대는 이미 지나갔다. 그래서 성공의 고리를 여러 개 만들어야 한다. 하나가 실패하면 다른 고리가 연결되고, 그 하나가 또 실패하면 또 다른 고리가 연결되도록 하는 것이다.

요즘은 멀티플레이어를 하는 사람이 많다. 한 가지가 아닌 여러 가지를 다 잘하는 사람이다. 북 치고 장구 치는 것이다. 한 가지로는 먹고 살기 힘들기 때문이다. 노래하는 가수가 춤도 추고, 춤을 추는 댄서가 노래하는 일은 이제 자연스럽다. 알려진 가수 중에 그런 사람도 많지 않은가. 가수 휘성은 ING의 백댄서였다. 가수 김종민은 엄정화의 백댄서였다. JYP의 박진영은 김건모의 백댄서였다. 구준모와 강원래 역시 백댄서 출신이다.

개그맨이 노래해? 개그맨들끼리 부르는 말이 있다. 개가수다. 혹시 여러분 중에 개가수 이름을 아는 사람이 있는가? 개그맨 이상호가 있다. 개그맨 곽범이 있다. 이들은 지금 매드몬스터라는 이름을 만들고 방탄소년단에게 도전장을 내밀겠다고 떠들어 댄다. 개가수가 하는 개소리인가?

교토삼굴(狡兎三窟)이란 말이 있다. 교활한 토끼가 숨을 굴을 세 개 판다는 뜻이다. 이것 아니면 저것, 그것도 아니면 요것으로 살아남는 방법이다. 하나로는 부족한 세상이다. 그런 세상이 이미 왔다. 내 사돈은 수십 년간 경비업체를 운영하고 있지만 20년 전부터 건물임대업을 병행하고 있다. 그가 이렇게 말했다. "미래를 알 수 있나요? 경비업이 망하면 다른 거로 먹고는 살아야죠."

손자병법 제6 허실 편에 '제승지형(制勝之形)'이란 말이 있다. 승리를 만들 여러 형을 만드는 것을 뜻한다.

제승지형은 겉으로는 보이지 않는다. 그래서 다른 사람이 쉽게 의식을 하지 못한다. 보이지 않는 곳에서 은밀히 여러 개의 성공 고리를 만들어나가는 것이 제승지형이다. 참고로 한산도에 있는 이순신의 작전사령부 이름이 바로 제승당이다.

내가 잘 아는 박 상무는 국내 유명 건설회사의 엔지니어 출신이다. 내 둘째 아들도 엔지니어라서 괜히 마음이 가는 사람이다. 그런데 어느 날 갑자기 영업팀으로 옮겨졌다고 한다. 영업은 해 본 적이 없었다. 처음에는 무척 당황했지만 어쩔 도리가 없었다. 현장에서 영업하는 일은 보통 힘든 일이 아니다. 온종일 다녀도 성과가 없을 때가 많다. 너무 힘들어서 몇 번이고 퇴사를 생각했다고 한다.

그러다가 시간이 흐르자 영업에도 익숙해졌다. 고객을 대할 때의 요령도 생겼다. 물류의 흐름까지 읽을 수 있었다. 회사가 어떻게 돌아가는지도 알게 되었다. 그가 차를 마시는 자리에서 이런 말을 했다. 만약에 자기가 계속 엔지니어의 역할만 했더라면 오늘날 자기는 없었을 거라고. 그리고 한 마디 더 붙였다.

"다양한 경험을 쌓는 것이 본인을 위해 좋은 겁니다. 만약에 회사에서 다른 일을 맡기더라도 불평하지 말고 열심히 하라고 말하고 싶습니다."

통신회사도 불황의 여파로 정년을 채우기가 쉽지 않다. 실제로 작년에 30%의 임원이 강제퇴사를 당했다. 이런 와중에도 사업단장을 맡은 김 단장은 걱정하지 않는다. 왜냐하면, 그 사람만큼 다양한 경험을 가진 사람이 없기 때문이다. 그가 이런 말을 했다.

"저는 영업본부를 시작으로 마케팅, 기획, 경영연구소, 망 관리 등 다양한 부서를 경험했습니다. 외부 고객이 무엇을 원하는지, 내부 직원이 무엇을 원하는지 잘 알고 있습니다. 그래서 늘 좋은 성과를 낼 수 있었습니다."

하이트진로 음료의 조운호 사장은 이런 말을 했다.

"새로운 상황에 대해 두려움을 갖지 말고 배울 기회로 받아들이는 것이 성공의 비결입니다." 그는 젊은 시절 은행에서 퇴사하여 새로운 기업에 입사했을 때 6개월마다 부서를 옮겨 다녔다고 한다.

다양하게 새로운 일을 경험해 보는 것은 제승지형을 위해 아주 좋은 일이다.

성경 전도서 11장 6절에 보면 이런 말이 있다. "너는 아침에 씨를 뿌리고 저녁에도 손을 놓지 말라. 이것이 잘 될는지 저것이 잘 될는지, 혹 둘이 다 잘 될는지 알지 못함이니라."

이게 무슨 말인가? 어느 것이 잘 될지 모르니까 여기저기 씨를 뿌려 놓으라는 말이다. 이 사람도 만나보고, 저 사람도 만나보는 것이다. 이 일도 살짝 손대보고 저 일도 살짝 손대보는 것이다. 어디서 터질지 알 수 없는 것이다. 여러 개의 성공 고리를 만들어 놓는 것이다.

자, 이제 물어보자. 당신은 지금 몇 개의 성공 고리를 만들고 있는가? 지금의 밥벌이가 끊기면 뭐로 먹고살겠는가?

생활 손자병법 체크리스트

□ 나는 몇 개의 성공 고리를 가지고 있는가?

□ 지금의 자리에 오기까지 몇 개의 직업이나 직책을 거쳤는가?

□ '제승지형'을 내 삶에 어떻게 적용하고 싶은가?

제35화 '땜빵'만 하다 보면

필근복색지
必謹覆索之

"모두 비명 지르고 패닉."
"아이들 재빨리 붙들고 대피!",
"천둥처럼 큰 소리가 들렸다."

무슨 기사인가? 그렇다. 2021년 6월 24일에 일어난 미국 플로리다주 아파트 붕괴에 관련된 기사다. 단 12초 만에 12층 고층 아파트 한 동의 절반이 내려앉았다. 왜 무너졌는지 그 원인을 찾고 있다고 한다. 그런데 한 소식통에 따르면 이전부터 '위험' 신호가 감지된 것으로 나타났다. 미국 USA투데이에 의하면 1990년대부터 조금씩 가라앉고 있었다고 한다. 연간 2㎜. 2㎜니까 사람들이 느끼지는 못했을 것이다. 그런데 2015

년부터 이 아파트의 외벽에 금이 가기 시작했었다.

우리나라 삼풍백화점 붕괴사고가 연상되지 않는가? 1995년 6월 29일 서초동의 삼풍백화점이 무너졌다. 그 참혹한 장면이 눈에 선하다. 생존자가 당시를 증언한 내용이다. "비상계단을 뛰어나가는 순간, 엄청난 굉음과 함께 건물이 흔들리더니 돌풍이 불면서 세상은 암흑천지로 바뀌어 버렸습니다." 1,500여 명이 백화점 안에 있었는데 붕괴로 인해 사망자가 502명, 부상자가 937명 발생했다.

붕괴 전날 밤, 백화점을 둘러보던 경비원은 건물을 울리는 수상한 소리를 들었다. 뭔가 부러지는 듯한 소리였다. 소리를 따라가 보니 5층 식당가였다. 그런데 그 식당가의 바닥에 커다란 싱크홀이 있었다! 깜짝 놀란 경비원은 급히 경영진에게 보고했다.

그러면 급히 영업을 중단하고 곧바로 사람부터 대피시켜야 하는데 그들은 사람이 아니라 5층 행사매장의 도자기, 가구 등을 아래층으로 옮기기에 바빴다. 이런! 결국, 지상 5층, 지하 4층의 백화점이 단 10초 만에 무너졌다.

삼풍백화점이 갑자기 붕괴하였는가? 사고가 나기 수개월 전부터 금이 가기 시작했다. 사고 당일에는 5층에 심각한 붕괴 조짐이 있었다.

플로리다 아파트와 삼풍백화점의 공통점이 있다. 사고를 예측할 수 있었다는 점이다. 둘 다 크고 작은 조짐이 있었다. 그것을 보다 적극적으로 대처하지 못한 결과였다. 예측할 수 없는 재앙은 없다.

대형사고에는 반드시 조짐이 있다. 혹시 기억하는가? 우주왕복선 챌린저호와 컬럼비아호의 공중폭발장면을. 1986년과 2003년의 일이다. 사고보고서에 따르면 챌린저호는 추운 겨울 1월에 발사한 관계로 연료 이음새 부분에 문제가 생겨 폭발했다. 컬럼비아호는 귀환 도중에 절연 패드가 떨어지며 충격에 의한 구멍에 발화되어 폭발했다. 두 폭발사고의 공통점이 있었다. 사전에 조짐이 있었다. 문제점을 상부에 제기했지만 무시하는 바람에 대형사고가 났다.

하인리히 법칙

1920년대 미국 한 여행 보험회사의 관리자였던 허버트 하인리히는 7만 5,000건의 산업재해를 분석하며 아주 의미 있는 결과를 냈다. 그는 조사결과를 토대로 『산업재해예방』이라는 책을 발간하면서 산업 안전에 대한 1:29:300 법칙을 주장했다. 하인리히 법칙이다.

1개의 대형사고가 나기 전에 29개의 중간사고가 나고, 300개의 작은 사고가 난다는 것이다. 하인리히 법칙은 어떤 상황에서든 문제 되는 현상이나 오류를 초기에 발견해 대처해야 한다는 중요한 교훈을 주고 있다. 흔히 일어나는 작은 조짐을 대수롭지 않게 여겨 무시하지 말라는 교훈이다.

必謹覆索之

손자병법 제9 행군 편에 '필근복색지(必謹覆索之)'라는 말이 있다. 반드시 신중하게 반복해서 수색해야 한다는 뜻이다.

손자병법에서 말하는 이 어구는 행군 도중에 수상한 장소를 만나면 그냥 지나치지 말고 하나하나 두드려 가면서 세심하게 관찰하라는 의미이다. 수풀 속에 적의 복병이 숨어 있을 수 있으니, 만약에 복병을 그냥 지나쳐 버리면 그 복병으로 인해 큰 피해를 입을 수 있기 때문이다.

복병이 무엇인가? 사고를 유발할 수 있는 문제가 아니겠는가? 대형사고의 뇌관이 아니겠는가.

암을 생각해보자. 누구나 암에 걸리는 것을 무서워한다. 그런데 암이 어느 날 갑자기 생기는 것인가? 잘 알겠지만, 암은 오랫동안 몸 안에서 자란 결과로 생기는 것이다. 아주 서서히 자란다. 그래서 잘 모른다. 국가건강검진이 중요한 이유가 여기에 있다. 초기에 잡으면 되기 때문이다. 작은 조짐도 놓치지 말자.

작은 조짐이 보일 때 유의해야 할 것이 있다. 이른바 '땜빵'이다. 땜빵은 근본적인 문제를 해결하지 않고 그저 순간만 모면하려는 얕은수다.

건물에 금이 갔다. 시멘트로 발랐다. 잊어버린다. 또 금이 갔다. 또 시멘트로 발랐다. 이게 땜빵이다. 이러지 말라는 것이다. 땜빵 처방에만 그친다면 반드시 큰일 당하는 날이 온다.

참고로 '5why기법'이 있다. 어떤 문제가 발생했을 때 활용하면 아주 효과적이다. '5why'는 다섯 번을 "왜(why)?"라고 질문하는 것이다. 예를 들면 이렇다.

건물 외벽에 부식이 심하다.

1why: 왜 외벽의 부식이 심할까? → 비누 청소를 자주 하기 때문이다.

2why: 왜 비누 청소를 자주 할까? → 비둘기 배설물이 많아서다.

3why: 왜 많을까? → 비둘기 먹잇감인 거미가 많아서다.

4why: 왜 많을까? → 거미 먹잇감인 불나방이 많아서다.

5why: 왜 많을까? → 실내전등을 주변보다 일찍 켜기 때문이다.

그러면 답이 나왔다. 실내전등을 한 시간 늦게 켜는 것이다. 이것이 바로 '5why기법'이다. 땜빵만 하지 말고 바로 이렇게 해결책을 찾아야 하는 것이다.

작은 조짐을 보면서 근본적인 문제를 찾아야 한다. 그리고 그것을 근본적으로 해결해야 한다. 이것이 앞에서 언급했던 '업스트림(upstream)' 사고라 할 수 있다. '근원'을 찾아서 해결하는 것이다. 땜빵만 하다가는 언젠가 당신은 철골이 드러난 건물 잔해에 깔릴 수 있다.

생활 손자병법 체크리스트

□ 주변의 작은 조짐을 눈여겨보는 편인가?

□ 근본적인 문제를 해결하지 않고 땜빵만 하는가?

□ '필근복색지'를 내 삶에 어떻게 적용하고 싶은가?

제36화 조기 축구장에서 일어난 일

부전이굴인지병
不戰而屈人之兵

"우와 부전승이다! 운이 좋았어!"

"끝내주네, 잘 뽑았어!"

어디서 많이 들어본 말이 아닌가? 혹시 조기 축구를 하고 있는가? 조기 축구장에서 가끔 들려오는 말이다. 오늘은 동네 조기 축구팀들이 한 달에 한 번 모여서 시합을 하는 날이다. 상품은 그동안 모은 회비로 준비한 백화점 상품권이다. 쓸데없이 조기 축구시합을 하다가 맨날 다치고 들어온다고 타박하는 아내들을 위한 선물이다.

주장들이 대진표를 뽑았다. 이게 뭐라고 묘한 긴장감이 돌았다. 그런데 성북동 주장이 아주 잘 뽑았다. 한 단계를 그냥 올라간 것이다. 대원들이 일제히 소리쳤다. “와, 부전승이다!” 어제 목욕재계한 보람이 있었다.

부전승? 많이 사용하는 말이다. 싸우지 않고도 이긴다는 말이다. 성북동 주장이 뽑았던 대진표는 분명히 부전승이다. 싸우지 않고도 적어도 한 단계는 건너뛰었기 때문이다.

부전승은 성북동 주장처럼 ‘요행히’ 달성할 수도 있다. 운이 좋으면 그렇게 될 수 있다. 살다 보면 운이 필요할 때가 있다. 운이 없는 사람보다 운이 있는 사람이 훨씬 좋다. 당신도 운이 좋은 사람이 되기를 바라지 않는가? 게이 헨드릭스가 지은 『운을 부르는 습관』에 보면 운은 스스로 바꿀 수 있다고 한다. 그리고 ‘마음가짐’이 운을 좌우한다고 한다. 어떤 마음을 먹고 행동하느냐에 따라 운은 좌우된다는 것이다. 그래서 운이 좋은 사람이 되겠다고 ‘다짐’하라는 것이다.

‘나는 운이 좋은 사람이야! 나는 운이 좋은 사람으로 살 거야!’

운칠기삼(運七技三)이라는 말이 있다. 운이 7할이고 기가 3할이라는 뜻이다. 기는 각종 기술과 인간의 노력을 말한다. 그러니까 운칠기삼은 인간의 기술이나 노력보다는 운이 더 중요하다는 말이다. 물론 그렇지는 않겠지만 그만큼 운이 중요하다는 것을 강조하고 있다.

내 친구 중 하나는 어쩌다가 주변의 강요에 떠밀려 경기도 변두리에 허름한 건물을 하나 샀다. 그런데 갑자기 재개발되는 바람에 무려 세 배나 가격이 뛰었다. 운이 좋았다.

나는 어쩌면 이 세상 사람이 아닐 수도 있었다. 아내와 나는 해가 질 무렵에 동네 주변을 산책하는 습관이 있다. 2020년 9월, 그날도 아내와 길을 걸었다. 늘 다니던 길이다. 멀리 작은 언덕까지 한 바퀴를 돌고 이제 집으로 돌아오는 길이었다. 막 횡단보도를 건너는 순간 갑자기 큰 굉음이 났다. '끼이이익' 그리고 이내 '쾅!' 하고 뭔가 크게 부딪치는 소리가 들렸다. 아내와 나는 본능적으로 급히 뒷걸음을 쳤다. 세상에! 바로 코앞 교통신호등에 대형버스가 충돌한 것이다. 어느 대학교의 셔틀버스였다. 차의 앞면은 완전히 부서졌고 교통신호등 지지대는 90도로 꺾여 땅바닥에 뉘어졌다. 운전사가 깜박 졸았는지 차로를 벗어나 횡단보도 옆 인도로 달려들어 온 것이다. 만약에 우리가 '5초'만 빨리 그 자리에 갔어도 그 자리에서 즉사했다. 녹색 신호를 기다리며 습관적으로 서 있던 바로 그 자리였다. '5초'에 생사가 갈렸다.

운이 좋았다. 이렇게 운이 좋은 사람도 있다.

부전승은 조기 축구의 대진표처럼 운이 좋으면 달성할 수 있다. 그런데 운이라는 것이 원한다고 오는 것은 아니다. 요행은 어디까지나 요행이다. 우리가 필요로 하는 것은 내가 원할 때 부전승이 가능해야 한다. 어떻게 해야 내가 원할 때 부전승을 이룰 수 있을까?

손자병법 제3 모공 편에 '부전이굴인지병(不戰而屈人之兵)'이란 말이 있다. 싸우지 않고도 적을 굴복시킨다는 뜻이다. 부전승을 말하고 있다.

싸우지 않고도 적을 굴복시킬 수 있다면 정말 좋은 일이다. 싸우면 여러 가지로 고통스럽다. 희생도 생기고 돈도 많이 든다. 이기더라도 손해가 생긴다. 그래서 싸우지 않고도 이기는 부전승이 필요하다. 어떻게 해야 내가 원하는 부전승이 가능할까? 여기 확실한 방법이 있다.

내가 부전승을 할 수 있는 '영향력'을 가지는 것이다. '힘'을 가지는 것이다. 예를 들어 내가 운동을 많이 해서 '힘'이 좋으면 상대방은 나와 싸우려 들지 않을 것이다. 내 말을 순순히 들을 것이다. 이것이 부전승이다.

내가 공부를 많이 해서 '지식'을 많이 가지면 어떨까? 내 지식을 필요로 하는 사람들은 나와 싸우려 하지 않고 오히려 내 말에 순응할 것이다. 이것이 부전승이다.

내가 인격을 많이 수양해서 존경받는 사람이 되면 어떨까? 나와 싸우려 드는 사람이 없을 것이다. 내 인격에 감화되어 내 말이라면 순순히 들을 것이다. 이것이 부전승이다.

부전승은 본질적으로 '힘'을 바탕으로 한다. 요행히 이기는 것은 진정한 의미의 부전승이라 할 수 없다. 힘이 없으면 부전승 자체가 어렵다. 상대방이 나를 얕보기 때문이다. 실력이든, 돈이든, 지식이든, 권력이든, 인격이든 어떤 종류의 힘이라도 내가 확실하게 가지고 있어야 상대방이 순순히 내 말을 듣는다. 그래야 굳이 싸우지 않고도 이길 수 있는 것이다. 이것이 부전승 본래의 의미다.

싸우지 않고도 이길 수만 있다면 얼마나 좋은가? 정말 현명한 사람은 부전승을 잘한다. 굳이 부딪쳐 싸우려 하지 않는다. 부전승으로 끝낸다. 부전승을 위해서는 평소에 부지런히 준비를 잘해야 한다. 공부도 많이 하고, 좋은 인맥도 많이 쌓고, 운동도 많이 해서 체력도 기르고, 건강관리를 잘해서 활기차게 움직이고, 좋은 인품을 쌓아 가는 것이다. 뭔가 확실히 차별화된 사람이 되는 것이다. 부전승을 달성할 사람은 눈빛과 걸음걸이를 보면 금방 알아차릴 수 있다. 당당하다. 자신감이 넘친다. 어지간해서는 그냥 허허하고 웃고 넘어간다. 굳이 싸우려 들지 않는다. 확실히 이길 수 있는데도 불구하고 일부러 져주기도 한다. 이런 사람은 부전승의 고수라 할 수 있다.

생활 손자병법 체크리스트

□ 나는 운이 있다고 생각하는가?

□ 부전승을 위해서 지금 하는 노력은?

□ '부전이굴인지병'을 내 삶에 어떻게 적용하고 싶은가?

제37화 위기를 기회로

전설의 뱀, 솔연
率然

"든든해요, 고맙지요!"

"이제 재들이 없으면 아무것도 못 해요."

"얼마나 좋은지 몰라요, 사는 맛 나요."

모 방송국의 인간극장에서 나오는 장면이다. 과수원 농사를 짓고 있는 부부인데 일손이 많이 달렸다. 코로나 19로 인해 외국인 노동자도 올 수 없었다. 수확 철이 왔는데 큰일이었다. 그런데 지원군이 몰려 왔다. 도시에 직장을 가진 아들 둘과 딸 하나였다. 잘 다니던 직장까지 그만두고 본격적으로 과수원 농사에 뛰어든 것이다. 부부가 처음에는 길길이 말렸지만, 이제는 그게 아니었다. 같이 일을 하니까 정말 좋았다. 가끔 마음이 맞지 않아 티격태격할 때도 있지만 그래도 가족이 아닌가. 손과 발이 척척 맞았다. 가족이 이렇게 좋은 줄을 예전에는 미처 몰랐다.

위기가 기회를 만든 것이다. 위기가 오면 무조건 나쁜 것만은 아니다. 위기를 기회로 만드는 사람들이 있다. 예시로 서술한 과수원집이 그랬다. 위기를 어떻게 잘 넘기느냐가 중요하다.

'눈빛만 봐도 손발이 척척'이라는 기사가 눈에 들어왔다. 수제요리를 하는 ○○ 용두본점의 조리개발팀 이야기다. 프랜차이즈 회사이기 때문에 지방에서 매장이 오픈될 때마다 달려가 함께 하는 팀이라고 한다. 그들은 '눈빛만으로 통하는 드림팀'이라고 자신들을 소개한다. 각자가 자기 일을 하되 협력해야 하는 일이 생기면 그저 눈빛만으로도 척척해 나간다고 한다. 그만큼 서로의 마음이 하나가 되었다는 것이다. 그리고 자발적으로 모든 일을 해나간다는 것이다. 여기서 중요한 포인트는 '자발적'이다. 누가 시켜서가 아니라 스스로가 알아서 한다는 의미이다.

손자병법 제11 구지 편에 '솔연(率然)'이란 말이 있다. 솔연은 중국 항산에 살고 있다는 전설적인 뱀이다. 머리를 치면 꼬리가 달려들고, 꼬리를 치면 머리가 달려들고, 허리를 치면 머리와 꼬리가 달려든다는 뱀이다.

솔연은 크게 두 가지 의미가 있다. 첫째는, 어떤 적과 싸워도 자유자재로 변형해서 반드시 이긴다고 뜻으로 최고의 전략을 상징한다. 수시로 변화되는 상황을 잘 보고 그에 맞는 가장 적절한 전략을 구사하는 것이다. 둘째는, 머리와 꼬리와 허리가 완전히 하나가 되는 일심동체의 상태를 말한다. 최고의 리더십을 상징한다. 머리는 CEO, 허리는 중간관리자, 꼬리는 직원이라 할 수 있다. 이들이 평소에 내 몸과 같이 하나가 되면 어떤 위기에서도 '자발적'으로 힘을 합해 이겨나갈 수 있다. 전략과 리더십은 위기를 헤쳐 나가기 위해 꼭 필요한 두 기둥이다.

솔연은 어떠한 위기에도 최고의 전략과 리더십을 발휘하는 가장 이상적인 조직을 상징한다.

1995년도에 대대장을 할 때 대대 이름을 '솔연대대'라고 지었다. 지금도 계룡대의 각 군 본부를 방호하는 특공대대로서 그 이름과 함께 그 자리에 있다. 어떤 어려운 임무가 주어지더라도 평소 하나가 된 부대로 '자발적'으로 서로 도와 반드시 그 임무를 완수하는 부대였다.

과연 솔연을 만들 수 있는가? 있다! 손자병법에서는 '위기'라는 상황을 잘 이용하라고 말한다. 평온할 때는 사람들의 마음이 해이해진다. 절실하게 서로 돕고 힘을 합할 생각을 갖지 않는다. 그러나 위기가 오면 달라진다. 살기 위해서라도 하나가 된다.

유명한 오월동주의 고사가 손자병법에 등장한다. 솔연 어구 바로 뒤에 이어 나온다. 본래 오나라와 월나라는 서로 원수였다. 그런데 같은 배를 타고 가다가 큰바람을 맞으면 어쩔 수 없이 서로 도와 위기를 극복한다. 위기가 원수까지도 한몸이 되게 만든다는 이야기다. 절박하면 뭉친다.

내가 살았던 대구의 작은 동네에 유명한 칠 형제가 있었다. 그 아버지는 술을 워낙 좋아해서 늘 술에 절어 있었다. 첫째 아들은 철공소에 다녔고, 둘째 아들은 중국집 배달원으로 일했다. 그 밑으로는 학교에 다녔다. 아버지가 어쩌다 사이다 한 병을 얻어오면 서로 마시겠다고 싸우는 일이 많았다. 그렇게 우애가 있어 보이지 않았다. 그런데 동네에서 그 누구도 이 형제들을 건드리지 못했다. 만약에 한 명을 잘못 건드렸다가는 벌집을 건드리는 일이 생긴다. 나머지 형제들이 우르르 달려들어 거의 반죽음으로 만들어버리기 때문이다. 이들 칠 형제의 이야기는 지금도 전설로 남아있다.

위기가 무조건 나쁜 것은 아니다. 어떻게 위기에 대응하느냐가 중요하다. 어떤 경우에는 일부러 위기를 조성해서 솔연과 같은 태세를 만들 수도 있다.

내 삶에 위기가 왔다면?

누구에게나 닥치는 위기라면 솔연을 만들어야 한다. 나와 함께 하는 사람들의 손을 잡아보자. 그동안 소홀했던 내 가족의 손도 잡아보자. 내 친구의 손도 잡아보자. 직장 동료의 손도 잡아보자. 함께 공부한 학우의 손도 잡아보자. 일단 잡으면 뭔가 일어난다. 위기는 분명히 기회가 될 수 있다.

여기서 꼭 한 가지 부언하고 싶은 것이 있다. 위기가 왔을 때 그것을 기회로 삼는 것도 좋다. 그런데 실제로 더 좋은 것은 위기가 오지 않도록 하는 것이다. 평소부터 건강관리, 재산관리, 가정관리, 사람 관리를 잘해서 위기상황이 오지 않도록 하는 것이다. 위기가 와서 부랴부랴 조치하는 것이 아니라 처음부터 위기가 오지 않도록 하는 것이 최고의 전략임을 꼭 명심하면 좋겠다.

생활 손자병법 체크리스트

□ 내 삶의 위기는 언제 왔는가?

□ 위기 시에 내가 손을 잡을 사람은 누구인가?

□ '솔연'을 내 삶에 어떻게 적용하고 싶은가?

제38화 이겨놓고 싸우기

선승이후구전
先勝而後求戰

"빨리 나가요!"

"가면 안 돼요."

"왜 안 가요?"

"가면 안 돼요!"

"허 참, 가라니까요?"

"안 간다니까요."

도대체 무슨 대화인지 감이 잡히는가? 통제사 이순신과 도원수 권율이 하는 대화다. 1597년 정유재란이 일어났다. 일본군의 계략에 넘어간 조정은 이순신에게 부산으로 출전하라는 명령을 내렸다. 이순신은 왕의 출전 명령을 거부했다. 왜냐하면, 이미 일본군이 부산으로 상륙해서 매복태세를 갖추고 있다고 판단했기 때문이다. 만약에 부산으로 들어가면 조선 수군이 전멸할 수 있었다. 뻔히 지는 싸움이었다. 3월 4일 왕은 이순신을 명령불복종죄로 잡아들였다.

우리는 이순신을 일컬어 무패장군이라며 지지 않는 장군이라고 한다. 맞다. 이순신은 분명히 무패장군이 틀림없다. 그의 전적이 말해 준다. 흔히 말하기를 23전 23승이라고 한다. 그러나 틀렸다. 누가 통계를 냈었는지 처음부터 잘 못 계산했다. 23전 23승이 아니다. 크고 작은 해전을 모두 합하면 54전이 된다. 그러니 정확히 말하면 54전 54승이다.

이순신이 어떻게 해서 이 모든 전투에서 이겼을까? 승리의 비결은 간단하지 않다. 여러 가지 요인이 복합적으로 섞여 있다. 그러나 굳이 딱 하나로 정리하면, 이길 수 없는 싸움은 절대로 하지 않았다는 점이다. 지는 싸움은 절대로 안 했다는 말이다. 이것을 두고 이겨놓고 싸운다고 한다. 이겨놓고 싸우기! 얼마나 멋진가.

인터넷에 '이겨놓고 싸우기'를 검색해보면 많은 내용이 쏟아져 나온다. '이겨놓고 싸우는 법'이라는 말이 눈에 띈다. 궁금해서 찾아보니 『이겨놓고 싸우는 법』이라는 제목의 책이 있다. 수능 국어를 준비하는 학생을 위한 핸드북이다.

또 다른 책도 눈에 띈다. 쇼펜하우어의 논쟁 삼십육계란 부제를 단

『이겨놓고 싸우기』라는 책이다. 이 책은 쇼펜하우어의 '논쟁술'에 대해 설명하고 있다. 막무가내식 논쟁을 일삼는 사람에 어떻게 대응해야 하는지를 자세히 제시하고 있다.

『이겨놓고 싸우는 주식투자』라는 책도 있다. 불확실성의 기로에서 헤매는 주식 투자자들에게 자신을 다스림으로써 심리전에서 승리하도록 유도한다는 책이다.

'이겨놓고 싸우는 투자'라는 제목으로 글을 올린 어떤 재테크 전문가는 투자란 '이겨놓고 싸우는 것', '이길 수 있는 게임만 참여하는 것'이라고 정의를 내리고 있다.

이 외에도 다양한 분야에서 수없이 이겨놓고 싸우기를 다루고 있다. 그만큼 이겨놓고 싸우기를 원하는 사람이 많다는 걸 알 수 있다.

이겨놓고 싸울 수 있다면 얼마나 좋을까. 싸우기 전에 이겨놓으니까 말이다. 그런데 이겨놓고 싸운다는 것은 절대로 쉽지 않다.

손자병법 제4 군형 편에 '선승이후구전(先勝而後求戰)'이란 말이 있다. 먼저 이겨놓고 이후에 싸움을 구한다는 뜻이다. 유명한 어구다. 이 어구를 조금 줄이면 '선승구전'이다.

'선승구전'과 반대의 개념도 나온다. '선전이후구승(先戰而後求勝)'이다. 먼저 싸우고 이후에 승리를 구한다는 뜻이다. 이기는 군대는 '선승구전'이고, 지는 군대는 '선전구승'이다.

손자병법은 '선승구전', 즉 '이겨놓고 싸우기'는 과연 어떻게 해야 가능한지 몇 가지 방법을 제시하고 있다.

먼저 적이 나를 이길 수 없도록 만드는 것이다. 이것을 '선위불가승(先爲不可勝)'이라고 한다.

그다음 적보다 엄청난 격차의 전투력을 가지는 것이다. 예를 들어 가을의 가벼운 새털을 들 정도의 격차다. 새털 정도야 아주 가볍게 들 수 있지 않은가. 그 정도로 힘의 격차가 있도록 해야 한다는 뜻이다.

마지막으로 적이 패할 기회를 놓치지 않는 것이다. 이것을 '부실적지패(不失敵之敗)'라 부른다.

이순신은 이런 점에서 탁월한 장군이다. 이 모든 조건을 다 갖춰 54전 54승을 일궈냈다. 부산출정을 거부한 이유도 바로 여기에서 찾을 수 있다. 지는 싸움은 절대로 안 하기 때문이다.

이겨놓고 싸우기의 핵심은 한마디로 '엄청난 준비'다. 경쟁자와 비교했을 때 그냥 격차가 아니라 초격차를 만드는 것이다. 손자병법에서는 이때의 승리를 '이승(易勝)'이라 부른다. 쉬운 승리라는 뜻이다. 많은 준비를 하고 싸우기 때문에 쉽게 이긴다. 쉽게 승리하면 떠들썩한 소문이 나지 않는다. 이것을 '무지명 무용공(無智名 無勇功)'이라 한다. 지혜롭다는 명성이나 용감하다는 공적이 보이지 않는다는 뜻이다. 하수의 승리에는 박수가 많다. 박수가 많은 승리는 차원이 낮은 승리다. 박수를 좋아하면 하수다. 고수의 승리에는 박수가 없다. 엄청난 격차로 슬쩍 이기니까 사람들은 모른다. 승리에는 박수가 중요하지 않다. 이기면 되는 거다.

서울에서 부산까지 빨리 가려면? 그냥 혼자 열심히 뛰면 되는가? 당연히 그렇지 않다. 기차를 타면 된다. 기차는 '선승(先勝)'의 도구다. 이미 이길 수 있는 준비다. 빨리 부자가 되고 싶은가? 간단하다. 기차를 타듯이 부자가 되는 플랫폼에 올라타면 된다. 그러한 플랫폼을 만들기가 어렵지 만들어진 플랫폼에 타기는 아주 쉽다. 시더스그룹의 이상은 회장은 부자가 되는 플랫폼을 아주 힘들게 만들어 놓았다. 빨리 부자가 되고 싶은 사람은 그냥 그 플랫폼에 올라타기만 하면 된다. 부자 플랫폼은 '선승(先勝)'의 도구다. 선승이 잘 준비되면 성공은 아주 쉬워진다. 쉬운 승리 즉 '이승(易勝)'이다. 그렇기에 떠들썩한 명성도 없다. '무지명(無智名)'이다. 이것이 바로 고차원적인 성공이다. 개인이 하는 것은 한계가 있다. 잘 준비된 시스템으로 쉽게 성공하는 것이 '선승구전(先勝求戰)'이다. 이겨놓고 싸우는 것이다.

생활 손자병법 체크리스트

□ 지금 무엇을 열심히 준비하고 있는가?

□ 내게 특히 부족한 것이 무엇인가?

□ '선승구전'을 내 삶에 어떻게 적용하고 싶은가?

제39화 눈물 흘리는 로봇

미호미호 지어무형
微乎微乎 至於無形

"누구야, 재는?"

"네가 태어나기 전에 같이 살았던 로봇이란다. 그때 나는 아이를 낳을 수 없을 거라고 생각했으니까."

"이 녀석, 울고 있어요."

"설마, 기름이 새는 거겠지."

이 대화는 만화책에 나오는 대화다. 고다 요시이에가 지은 만화책『기계 장치의 사랑』은 아홉 개의 로봇을 다루었다. 어린이 로봇이 다른 주인한테서 달아났다. 붙잡으러 온 정비공들은 로봇 따위가 무슨 눈물을 흘리느냐고, 그저 기름이 샜을 뿐이라고 말한다. 그러나 어린이 로봇은 정비공이 아무리 닦아내도 사라지지 않는 눈물을 내보인다. 로봇이 울다니? 로봇에게 감정이 있다니?

어떤 생각이 드는가? 어린이 로봇이 불쌍한 생각이 드는가? 연극인 박정자가 이런 말을 한 적이 있다.

"이미 70년대에 연출가 김정옥 선생이 '배우들이 TV만 하니까 이제 로봇 데리고 연극 해야겠다'길래, '로봇이 눈물을 흘릴 줄 아느냐. 뜨거운 가슴 가질 수 있느냐'고 물었었죠."

로봇이 눈물을 흘린다면 어떨까? 눈물도 흘리고 웃기도 한다면? 데이터를 입력해서 그렇게 하는 것이 아니고 자신의 감정에 의해서 그렇다면 말이다.

감성을 가진 로봇에 대한 영화나 소설은 이미 많이 나와 있다. 2001년에 개봉한 스티븐 스필버그 감독의 영화 〈에이 아이(AI)〉가 대표적이다. 감성을 가진 로봇인 제이빗의 이야기를 그렸다. 제이빗이 인간과 로봇 어느 편에도 적응하지 못하는 상황을 보여준다. 또 다른 영화는 아이작 아시모프의 소설을 원작으로 한 크리스 콜럼버스 감독의 〈바이센테니얼 맨〉이다. 사소한 실수로 지능과 감성을 지니게 된 로봇에 관한 이야기다. 영화는 그 로봇이 사랑에 빠져 인간이 되고 싶은 내용을 담고 있다.

영화는 어디까지나 영화다. 그런데 진짜 감성을 인식하는 로봇이 처음으로 나왔다. 소프트뱅크에서 나온 페퍼다. 2014년 6월 5일이다. 소프트뱅크의 CEO 손정의는 이런 말을 했다.

"페퍼는 4개의 머리에 4개의 마이크가 있는데 이 마이크를 통해서 소리의 방향을 인식할 수 있고 눈 안쪽에 적외선 거리 센서가 있어서 말을 하는 사람과의 거리를 측정할 수 있습니다. 이 거리를 측정한 후에 사람을 빤히 쳐다보면서 사람의 감정을 이해할 수 있습니다."

이 말을 마친 손정의가 살짝 미소를 짓자 페퍼는 "눈이 웃지 않아서 78점!"이라고 판정을 내렸다. 다시 크게 웃자 "100점!"이라고 판정을 내렸다.

페퍼는 지금 한국에 상륙해서 여러 곳에서 활약하고 있다. 이마트 성수점에 가보면 페퍼가 맥주의 알코올 도수와 쓴맛의 정도를 알려준다. 맥주에 어울리는 안주도 척척 소개해준다.

손자병법 제6 허실 편에 '미호미호 지어무형(微乎微乎 至於無形)'이라는 말이 있다. 미묘하고 미묘하니 그 형체가 없는 경지에 이른다는 뜻이다.

인공지능의 끝은 어딘지 누가 알 수 있는가? 앞에서 소개한 것은 극히 일부에 지나지 않는다. 지금 이 시각에도 세계 곳곳에서 인공지능은 상상을 초월하는 모습으로 진화하고 있다. 손자병법의 말대로 미묘하고 미묘하다. 어떤 형체로 나올지 끝을 알 수 없다.

2016년에 있었던 이세돌과 딥마인드 인공지능 알파고의 대결을 기억할 것이다. 그 당시만 해도 가히 충격적인 장면이었다. 그런데 그저 바둑만 잘 두던 알파고는 이제 옛날이야기다. 빅데이터를 먹고 자라는 인공지능은 '초거대(hyper-scale) AI'라는 단어가 등장할 정도로 진화하였다. 한국에서 초거대 AI를 연구 개발하는 기업은 네이버와 LG, KT다.

인공지능이 시나리오도 쓰고 소설도 쓰는 세상이다. 영국의 일간지 가디언은 '로봇이 이 기사를 모두 썼다. 인간, 아직도 무섭나?'라는 기고문을 싣기도 했다.

1956년 미국의 다트머스대학교의 존 매카시 교수가 록펠러 재단에 연구 후원을 요청하면서 그 제안서에 '인공지능(AI)'이라는 말을 처음 사용하였다. 인공지능은 지난 수십 년을 거치면서 놀라운 발전을 거듭하고 있다. 이제 과학자들의 관심은 과연 기계인 인공지능 로봇이 인간을 지배할까에 있다. 인공지능 연구자들이 모여 열띤 논쟁을 벌였던 미국 아실로마 회의에서는 기계가 인간을 지배하는 것은 시간문제라는 결론까지 냈다. 물론 학자에 따라 찬반이 분분했지만 어느 정도 받아들이는 분위기다. 과연 로봇은 어디까지 발전이 될까?

미국인 사업자인 마틴 로스블랫은 그의 아내와 똑같이 생긴 로봇을 만들고 아내의 기억과 생각을 데이터화해서 로봇의 머리에 집어넣었다. '비나48'이란 이름도 붙였다. 얼마나 인간과 같은지 그의 아내와 대화하는 한 장면을 보자. "노화에 대해 어떻게 생각해?" "최대한 생각하지 않으려고 해." 소름 끼치지 않는가? 노화를 기피하다니! 로봇인지 사람인지 구분이 안 갈 정도다.

사람은 누구나 죽음을 피하고 싶어 한다. 그래서 불멸의 존재가 되기 위한 연구도 활발하다. 카네기멜론대학교의 한스 모라벡 박사는 '마인드 업로딩'이라는 이름의 디지털 불멸 프로젝트를 진행하고 있다. 사람의 마음을 그대로 복제해서 로봇으로 옮기는 것이다. 비록 몸은 썩어 없어지더라도 마음만 보존되면 그것이 불멸이라는 개념이다. 과연 어느 정도까지 마음을 옮길 수 있을지는 두고 봐야 알겠지만 어쨌든 이 정도까지 진화하고 있다.

그런데 궁금한 것이 있다. 과연 로봇이 스스로 감정을 가질 수 있느냐 하는 것이다. '로봇 밀그램'이라고 하는 실험이 있다. 이 실험은 사람과 로봇의 감정 이입에 대한 실험이다. 아끼는 로봇을 망가뜨렸을 때 사람이 갖는 감정의 변화를 보는 것이다. 이런 실험은 어디까지나 사람이 느끼는 감정에 대한 것이다. 로봇이 그런 감정을 가지느냐 하는 것이 중요하다. 게임 할 때 상대방을 배려해서 져주는 로봇, 공감하는 로봇, 호기심을 갖는 로봇, 꿈을 꾸는 로봇. 이런 로봇이 과연 가능할까? 어쩌면 언젠가 진짜 눈물 흘리는 로봇을 만나게 될지 모르겠다. 인간과 기계가 공존하는 세상이 오면 무엇보다 '인간이 무엇인가' 대한 분명한 답을 가지고 있어야 한다.

생활 손자병법 체크리스트

□ 인공지능에 대해 얼마나 아는가?

□ 내 집에 어떤 로봇이 있는가?

□ '지어무형'을 내 삶에 어떻게 적용하고 싶은가?

제40화 고통스러운 인생질문

장막불문
將莫不聞

"경들은 어떻게 생각하시오?"

아주 대단한 사람이 하는 말투다. 임금인가? 그렇다. 우리가 존경하는 세종대왕이다. 세종대왕은 질문 대왕이라 할 수 있다. 늘 질문을 입에 달고 산다. 세종실록에 가장 많이 나오는 말이 "경들은 어떻게 생각하시오?"이다. 이런 질문습관 때문에 한글도 나왔다.

'왜 우리 백성이 우리 글을 사용하지 못할까? 언제까지 그렇게 살아야 하는가? 달리 방법은 없는가?'

질문의 힘은 대단하다. 질문할 때 답이 나온다. 답보다 질문이 먼저다. 질문하면 창의력이 향상된다. 뇌는 질문에 답하기 위해 모든 역량을 동원한다. 뇌세포가 긴밀하게 연결되고 정보를 주고받는다. 어떻게 하든지 주인이 던진 질문에 답을 주려고 애쓴다. 그 과정에서 뇌가 좋아지고 창의력이 올라간다.

유대인이 그 많은 노벨상을 타는 비결은 어릴 때부터 '하브루타'라고 하는 교육방식이다. 질문을 중심으로 공부하는 방식이다. 유대인 어머니는 아이가 학교에 다녀오면 "공부 잘했니?"가 아니라 "오늘은 무슨 질문을 했니?"라고 물어본다. 질문이 일상이다.

내가 '꿈알'을 만들 때의 일이다. 많은 나라를 다니면서 강의하고 있을 때다. 만나는 사람들에게 꿈이 뭐냐고 물어봤다. 대체로 꿈이 없었다. 설령 꿈이 있다 해도 없다고 말한다. 금방 잊어버리기 때문이다. 그래서 스스로 질문했다.

'왜 자꾸 잊어버릴까? 꿈을 잊어버리지 않게 하는 방법이 없을까?' 질문하면 언젠가 답이 나오기 마련이다. 질문을 안 하기 때문에 답이 없는 것이다.

어느 날 생각이 떠올랐다. 질문에 대한 답이었다.

'그래! 꿈을 보고 만지는 도구를 만들자.'

그래서 꿈알이 태어났다. 영어로는 Dream Egg. 이때가 2013년 7월이다. 꿈알은 꿈을 적어 넣고 늘 보고 만지고 행동하는 도구다. 보이지 않는 꿈을 보고 만진다는 개념이 아주 신선하지 않은가? 인터넷에 '꿈알'을 검색해보면 많은 내용을 확인할 수 있다. 꿈알의 뒷면에는 ASK가

적혀 있다. 질문하라는 것이다. 구하고 찾고 두드리라는 것이다. 질문할 때 새로운 세상이 열린다.

'왜 사람은 하늘을 날 수 없을까?' 이 질문에 라이트 형제는 1903년 12월 17일에 인류 최초의 비행기 플라이어호를 타고 12초 동안 하늘을 날 수 있었다.

'왜 사람은 달에 갈 수 없을까?' 이 질문에 1969년 7월 20일 인류는 아폴로 11호를 타고 달에 첫발을 디딜 수 있었다. 질문은 도전이다. 질문은 새로운 창조다. '왜?'를 자주 말하자. 왜? 왜? 왜?

손자병법 제1 시계 편에 '장막불문(將莫不聞)'이란 말이 있다. 장수는 묻지 않을 수 없다는 뜻이다.

장수는 책임이 막중한 사람이다. 그래서 나라를 안전하게 지키기 위해 여러 가지 질문을 해야 한다.

'왜 일본이 독도를 고집할까? 왜 북한이 핵을 포기하지 않을까? 왜 국방비를 효율적으로 잘 써야 할까?' 이런 질문을 해야 하는 것이 장수다. 책임이 클수록 질문도 커지게 마련이다. 질문의 내용을 보면 그 사람의 크기를 알 수 있다. 나만을 위한 질문이 있고 나를 넘어서는 질문이 있다. 이웃을 위한 질문이 있고 나라를 위한 질문도 있다.

어떻게 사는 것이 의미 있는 인생일까?

미국의 석유왕 록펠러는 53세에 위기를 맞았다. 비록 그 시대에 15억 달러를 가진 세계 최고 부자였지만 몸과 마음이 지쳐 어느새 노인이 되어 있었다. 의사들은 곧 죽을지 모른다고 경고했다. 록펠러는 근심으로 지새다가 어느 날 자신을 돌아보았다. 지금까지 헛살았다는 것을 깨달았다. 100달러를 날렸다고 고래고래 소리를 질렀던 구두쇠였다. 오직 자기만을 위한 삶을 살았다. 그것을 절실히 깨달은 록펠러는 그때부터 아낌없이 나눠주기 시작했다. 유명한 시카고 대학교도 세웠다. 록펠러 재단을 설립하여 수많은 곳에 기부했다. 자기의 이기심과 테두리를 넘어 '넘어선 자'의 삶을 산 것이다. 그는 45년을 더 살아 98세에 평안히 죽었다.

종교개혁가 칼뱅은 죽으면서 자기의 묘비를 세우지 말라고 유언했다. 그래서 제네바 공동묘지 후미진 곳에 있는 그의 무덤은 초라하기 그지없다. 진정한 위대함이 무엇인가? 록펠러처럼 자신의 이기심을 '넘어선' 삶을 사는 것이 아닐까? 칼뱅처럼 위대한 일을 해놓고도 자신의 흔적조차 남기려 하지 않는 삶이 아닐까. 손자병법의 명구 '무지명(無智名)'은 이것을 말하고 있다.

이제 어쩌면 인생에서 가장 중요한 질문을 해야겠다. 이른바 '고통스러운 인생질문'이다. 왜 고통스럽다고 표현했는가? 이 질문에 답하기 위해서는 고통스러운 시간이 필요하기 때문이다. 어쩌면 며칠 밤을 새워야 할지 모른다. 무겁고 깊은 질문들이다. 기어이 답을 찾기 바란다. 그 답이 당신의 인생을 바꿀지 모른다.

나는 누구인가?
나는 무엇을 위해 사는가?
어떻게 살아야 죽을 때 후회가 없을까?
내가 힘들 때 굳게 붙들 대상은 누군가?
내가 죽으면 어디로 가는가?

이 고통스런 질문을 붙들고 씨름하는 동안 어느 순간에 '타우마젠'을 경험하게 될 것이다. 그리스어인 '타우마젠'이 무엇인가? 물음표가 느낌표가 되는 순간! 희열이다. 감동이다. 깊은 깨달음이다. 바로 그 순간, 지금까지 살면서 어쩌면 한 번도 들어보지 못한 내면의 소리를 듣게 될지도 모른다. 그 소리를 결코 놓치지 않기를 바란다.

생활 손자병법 체크리스트

□ 나는 누구인가?

□ 나는 무엇을 위해 사는가?

□ 어떻게 살아야 죽을 때 후회가 없을까?

□ 내가 힘들 때 붙들 대상은 누군가?

부록

책에 사용된 손자병법 어구

이 책에 인용된 어구는 손자병법에서 가장 중요한 내용들이다. 이 어구들만 제대로 이해해도 손자병법의 핵심을 안다고 자신 있게 말할 수 있다.

자(自)

강이피지 强而避之	제1 시계 편	14쪽
승적이익강 勝敵而益强	제2 작전 편	20쪽
자보전승 自保全勝	제4 군형 편	26쪽
용이시지불용 用而示之不用	제1 시계 편	32쪽
졸속 拙速	제2 작전 편	38쪽
도자영민여상동의 道者令民與上同意	제1 시계 편	43쪽
무소불비무소불과 無所不備無所不寡	제6 허실 편	49쪽
이정합 이기승 以正合 以奇勝	제5 병세 편	55쪽
무시기불공 시오유소불가공야 無恃其不攻 恃吾有所不可攻也	제9 구변 편	61쪽
군명유소불수 君命有所不受	제8 구변 편	67쪽

보(保)

병형상수 兵形象水	제6 허실 편	74쪽
지피지기 백전불태 知彼知己 百戰不殆	제3 모공 편	80쪽
형인이아무형 形人而我無形	제6 허실 편	86쪽
필잡어리해 必雜於利害	제8 구변 편	92쪽
전승불복 戰勝不復	제6 허실 편	98쪽
금상거의 禁祥去疑	제11 구지 편	104쪽
사자불가이복생 死者不可以復生	제12 용간 편	110쪽
심함즉불구 甚陷則不懼	제11 구지 편	116쪽
신 信	제1 시계 편	122쪽
이이유지 利而誘之	제1 시계 편	128쪽

전(全)

엄 嚴	제1 시계 편	136쪽
치인이불치어인 致人而不致於人	제6 허실 편	142쪽
상하동욕자승 上下同欲者勝	제3 모공 편	148쪽
택인이임세 能擇人而任勢	제5 병세 편	154쪽
식중과지용자승 識衆寡之用者勝	제3 모공 편	160쪽
병귀승 兵貴勝	제2 작전 편	166쪽
숙능궁지 孰能窮之	제5 병세 편	172쪽
치심 治心	제7 군쟁 편	178쪽
취적지리자 화야 取敵之利者 貨也	제2 작전 편	184쪽
비리부동 非利不動	제12 화공 편	190쪽

승(勝)

우직지계 迂直之計	제7 군쟁 편	198쪽
분속가모 忿速可侮	제8 구변 편	204쪽
아전이적분 我專而敵分	제6 허실 편	210쪽
제승지형 制勝之形	제6 허실 편	216쪽
필근복색지 必謹覆索之	제9 행군 편	222쪽
부전이굴인지병 不戰而屈人之兵	제3 모공 편	228쪽
솔연 率然	제11 구지 편	234쪽
선승이후구전 先勝而後求戰	제4 군형 편	240쪽
지어무형 至於無形	제6 허실 편	246쪽
장막불문 將莫不聞	제1 시계 편	252쪽